だだっ子 かんしゃく 人見知り…

子どもの"困った"をなおす ママの言葉かけ

デンタルモンテッソーリ創始者
上野 清香

Clover
クローバー出版

はじめに

子どものかんしゃくや人見知り、おねしょ等々にふり回されている子育て中のみなさん、お疲れさまです！　みなさんに、本書でぜひお伝えしたいことがあります。それは、子育てを少しラクにしてくれる「言葉かけ」の魔法です。

東京都世田谷区の上野毛にある上野歯科医院。特に小児歯科専門医院の看板を掲げているわけではありませんが、小さな子からお年寄りまで来てくださる、昔ながらの歯科医院です。

そこで歯科衛生士をしている私には、子どもがおりません。

小児歯科専門でもなく、母親でもない私ですが、子育てに関わる学びにのめり込み、それをたくさんのお母さんたちと共有しようと日々活動しています。

いったいなぜ？　不思議に思われる方も多いと思います。

「子どものいない人には、子育てのことなんてわからないでしょ！」と、批判めいた視線を感じることもあります。


小児歯科専門医院ではなくても、上野歯科医院にはたくさんの子どもたちが親御さんに連れられてやって来ます。

おびえたように、お母さんにしがみついている子。嫌がって泣き出す子。

子どもたちの様子も気にかかりますが、それ以上に、子育てに悩み、疲れているお母さんたちの姿に胸が痛むことがあります。

そんな親子を見ていて、**「出会う子どもたちすべてを、自分の子どものように慈《いつく》しみたい。出会うお母さんたちすべてを、自分の妹のように応援したい」**と感じました。

はじめに

それからさまざまな分野に学びを広げてきて、たとえ微力でも困っている親子の援護ができたらいいな、と思っているのです。

私自身、母親になりたくてなれなかった過去があります。せっかく子どもを授かったのに、医療ミスで子どもを失ってしまったという経験をしました。

そんな私が、来院してくるお子さんたちの成長の役に立てたり、子育てに悩むお母さんたちの支えになれたら、自分のつらい経験も意味のあるものになるかもしれません。

本文で紹介する「あいうべ体操」の考案者である、福岡県のみらいクリニック院長の今井一彰先生は、私に「岡目八目《おかめはちもく》」という言葉をプレゼントしてくださいました。

これは囲碁の世界で使われる言葉なのですが、**「対局している本人よりも、対**

局を見ている第三者のほうが状況の全体像を見ることができる」ことを表しています。

そこから、傍から見ている人のほうが、当事者よりも客観的に状況や物事を判断できるという意味になりました。つまり先生は、私は子育ての主人公にはなれないけれど、遠くから俯瞰《ふかん》することで、子どもたちやお母さんたちの支えとなれる、と励ましてくださったのです。

この言葉が、大きな力となりました。今、私なりの活動で子どもの成長が見られることは、大きな喜びとして自分に返ってきています。

上野歯科医院には、歯の治療だけでなく、「先生、クーイングが出たんですよ！」「寝返りができるようになりました」と、子どもの成長を見せに来てくれるお母さんたちがたくさんいます。

そんな嬉しい報告を受けることは、自分へのご褒美のような気持ちです。

家族のように近過ぎる関係ではないからこそ、気軽に愚痴を言える近所のクリニックのおばちゃん。それが私らしいポジションです。

子どもがいない人の気持ちや、傷ついた人の気持ちを理解できる側の人間であると、自分では思っています。それに加えて、しっかりと学んできたことを自分なりに咀嚼《そしゃく》し、口腔からはじまる子どもの全身ケアができる専門家であるとも自負しています。

困っているお母さんとお子さんがいたら、少しでも役に立ちたい。そんな想いで本書をお届けします。

上野　清香

目次

目次

第1章

子どもの自己肯定感を高める魔法の言葉かけ

～デンタルモンテッソーリ®の基本の"キ"

デンタルモンテッソーリ®って？

私が歯科衛生士として働いている上野歯科医院は、昔ながらの歯医者さんです。

小児科医院のように、かわいらしいインテリアやキャラクターで子どもたちを楽しませるような工夫はしていません。

小児科医院のようにかわいらしい空間にすれば、子どもたちも歯の治療を怖がらないかもしれない、安心して来院してくれるかもしれない、と思うこともあります。上野歯科医院を、子ども向けに改装したいと考えたこともありました。

でもよく考えてみれば、子どもだっていつどんな病気になって、どんな病院に行かなくてはならないかもわかりません。その病院が、もし大人ばかりの無機質な場所だったら？　慣れない雰囲気におびえる子もいることでしょう。

ですから医院を子どもが喜ぶように改装するよりも、**どんな医療の場でも、落ち着いて治療を受けることができる子どもになってもらうことのほうがずっと大切なのだ**と思うようになりました。

そこでまず、歯医者さんを嫌がる以前に、歯磨きを嫌がる子どもたちをなんとかしたいと思いました。

考えたのは、コミュニケーションブラッシング®。親が子どもに歯磨きをするだけでなく、子どもにも歯ブラシを持たせて、親の歯を磨かせるのです。

自分がやってあげる立場になることで、歯磨きという行為に対する拒否感はかなり軽減されます。

また、今の子どもたちは、何でも「やってもらう」ことに慣れ過ぎていて、「やってあげる」という習慣がなく、大きくなってからお父さんやお母さんがケガをしたり病気になったりした時に、いたわりの言葉をかけることさえできない子もいると聞いていました。

それなら、子どもも「親にやってあげる」体験をすればいい。

自分で歯ブラシを持ち、親の歯を磨いてあげる喜び。親の身体に触れる喜び。そういう体験の場を、上野歯科医院で提供しました。

それと同時に、子どもたちには言葉かけを工夫しながら、いろいろな「仕事」をお願いするようになったのです。

たとえばカルテを持たせて「○○さんを呼んできて」とお願いすると、はじめは恥ずかしがっていた子どもでも、だんだんできるようになっていきます。
そんな**子どもたちは、自分でできる喜びや、人の役に立つ喜びを感じるようにもなっていきました。**

こうした上野歯科医院での私の取り組みを、「モンテッソーリ教育に似ているね」と評した人がいました。その言葉をきっかけに、私自身もモンテッソーリ教育理論について学ぶようになったのです。

モンテッソーリ教育理論

これは、イタリア最初の女性医学博士であったマリア・モンテッソーリが20世紀初頭に提唱したものです。

すべての子どもは「自己教育力」を備えているけれど、自分で取り組める環境がなければ、その力を存分に発揮させることはできない、ということを前提としています。

ですから、モンテッソーリの理論では、大人の価値観で教育するのではなく、子どもの興味や発達段階を正しく理解し、子どもが触ってみたい、やってみたいと思う環境を適切に用意し、その環境と子どもを結びつけて、子どもの自発的活動を促します。
その結果、子どもは自ら選択した活動にくり返し取り組みながら、さまざまな能力を獲得していくということです。

ここでは詳しい説明は省きますが、**子どもの成長には手と口の動きや刺激がとても重要になってくることもわかりました。**

手がうまく動かせないと歯磨きもできない。歯磨きができなければいろいろな病気の引き金になってしまう。

それなら、手を使った遊びを取り入れて、健やかな成長を促そう。さらに、口という重要な感覚受容器への刺激も必要！

こんなふうに、私はこのモンテッソーリ教育理論を軸に、歯科の専門家としての視点から子どもへの接し方や働きかけを考えました。

つまり、これまで実践していたことも含めて、子どもの発達に歯科的にアプローチしてみたのです。

脳育、原始反射、口腔機能育成、足育を複合的に取り入れた、まったく新しい教育メソッド。それが、「デンタルモンテッソーリ®」です。

モンテッソーリ教育の中には、成長過程の一定期間に、強烈に「○○がしたい！」という強い興味・関心を持って何かに取り組む「敏感期」があります。

デンタルモンテッソーリ®では、この「敏感期」に着目し、独自の視点を複合的に取り入れています。

デンタルモンテッソーリ®の中の「言葉かけ」

モンテッソーリ教育理論の中の「敏感期」は、何に対して強い興味を持っているかで分類されています。

たとえば、「運動の敏感期」「感覚の敏感期」「数の敏感期」「秩序の敏感期」などがありますが、中でも私は「言葉の敏感期」の大切さを感じました。

それぞれの敏感期に対して、デンタルモンテッソーリ®としてのメソッドを体系化しているのですが、「言葉の敏感期」に歯科専門の視点を複合させるにあたって、子育てにおけるコミュニケーションの重要性を改めて理解したのです。

親子で一緒に過ごす時間が長いからこそ、親の言葉が子どもに対して影響力を持つ。

それは誰もが認めるところですよね。

「言葉の敏感期」は、話し言葉に関しては胎児7カ月〜3歳、文字に関しては3歳半〜5歳半と言われています。

私が注目した言葉かけは話し言葉なので、お母さんのお腹の中にいる頃から敏感期がはじまり、周囲とコミュニケーションがとれるようになる3歳頃に終わるということになります。モンテッソーリ教育では、この時期にたくさんの適切な言葉かけをすることの大切さを教えてくれており、私もそれを軸にデンタルモンテッソーリ®の教育メソッドを考えています。

ただ、言葉かけは「言葉の敏感期」にだけ意識すればいいものではないですよね。

子育てにはいつでもコミュニケーションが欠かせないことは、みなさんおわかりだと思います。

特に子どもが幼いうちにやってくる他のさまざまな敏感期にも、適切な言葉かけでその興味や関心を思う存分吸収させてやりたいものです。

そこで**本書では、「言葉の敏感期」に限定せず、子どもに対する言葉かけの大切さと実践について語っていきたい**と思います。

言葉かけがなぜ大切か

まず、ショッキングな逸話を一つ。

13世紀に神聖ローマ皇帝として君臨したフリードリッヒ2世は、人類の言語の起源を確かめたいと考え、一切言葉をかけずに赤ちゃんを育てる実験をしました。

人間の言葉を知らずに育てば、「言語の起源となる言葉」を話し出すに違いないと思ったそうです。

集められた赤ちゃんを養育する保母や看護師には、食事など生命維持に必要なことはしても、絶対に言葉はかけないように命じました。

８００年も昔のことなので、正確な実験結果は残っていないようですが、一説には、実験に使われた赤ちゃんたちは1歳にならないうちに全員死んでしまった、と言われています。

少なくとも、あまり大きくならないうちにみんな死んでしまったことは確かなようです。**人間的なコミュニケーションが欠けていれば、人間の生命は育たない。この事実をまず、しっかり胸に刻む必要があります。**

子どものコミュニケーションが育つ場所は、もちろん家庭ですよね。小さな子どもにとっては、家庭が自分の全世界です。

保育園や幼稚園、小学校に入って、子どもなりに社会に所属するようになっても、やはり居場所のベースは家庭であり、まだまだ親に依存しなければ生きていけません。

ですから、**自分を育ててくれている両親、特に一緒にいる時間の長いお母さんからの言葉かけが、自分の世界を決定づける。そう言っても過言ではありません。**

言葉かけがあればいい、というわけではないでしょう。どんな言葉をかけられて育つかということこそが、その子の成長に大きな影響を与えます。

では、それがどのような影響なのかについて、３つの視点から考えてみましょう。

言葉かけによって子どもに魔法をかけることができる

子どもへの影響が大きいということは、言葉かけによっていくらでも子どもは変化するということです。

つまり、**愛情のある適切な言葉かけで、魔法をかけたかのように、子どもの言動が変わって生き生きと輝くのです。**

私は上野歯科医院でたくさんの子どもたちと接し、実際に言葉かけによって見違えるように変わっていく様子を数え切れないほど見てきました。そして、我が子の変化に驚くお母さんたちも、大勢います。

そもそも、子どもにとって歯科医院は怖いもの。その先入観をなんとか覆して、歯の健康を守ったり治療したりすることは、決してイヤなことじゃない、自分のためにもなるんだということをわかってもらわなければならないのです。

そこで、怖がらせることのないように必ずプラスの言葉を使って、「歯医者さんは怖くない。楽しいところなんだ」という印象を与えられるよう、努力しています。

たとえば「待ってたよ！」と、会えて嬉しい気持ちを言葉にします。

また「大きくなったね」と、その子の成長したところや変化を具体的に伝えるようにしています。

診療が終われば、次の遊びのお約束のように「またね」とあいさつします。

もちろん他にも、それぞれの**子どもに応じた声かけをしていますし、表情もにこやかにして、安心してもらえるようにすることが大切です。**

居心地のよい空間。明るいプラスの言葉での声かけ。そして、少しだけボディタッチ。そのくり返しで、「イヤだ」と泣いていた子が来院を楽しみにしてくれるようになったり、反抗的な態度だった子が素直に、そして親しげに診察を受けてくれるようになるのです。

魔法をかけるヒント

プラスの言葉で子どもに魔法をかけたい！　それは世の中のお母さんたちの素直な願いだと思います。

とはいえ、これが私のように仕事ではなく、毎日ずっと子どもと接している親の立場となれば、なかなかうまくいかないものです。

仕事や家事で精一杯で余裕がなかったり、子どもの言動にイライラさせられたり。いつもプラスの言葉をかけられる精神状態でいることは、難しいですよね。

そこでおすすめしたいのが、〝アファメーション〟。ご存知ですか？

アファメーションとは、自分にとって肯定的な良い言葉を口に出すこと。簡単に言えば、常に自分に対するポジティブな言葉を使って話すことです。

お母さん自身がアファメーションを心がけていると、思考がポジティブになっていき、情緒が安定します。

そうすれば、子どもに対してもプラスの言葉をかけることが容易になっていく。そういうことです。

子どもへの言葉かけが大切なのと同じぐらい、お父さんやお母さんが「プラスの言葉かけをできる状態である」ことが大事なのです。

ですから私は、初めて医院に来て不安そうなお子さんがいると、まずは付き添いのご両親、特に心配性のお母さんに笑顔になっていただくようアプローチしています。

お母さんが笑顔なら、子どもも安心！　お母さんが笑顔なら、子どもにプラスの言葉かけができる！

子どもを気遣うのと同様に、ご両親もご自分を大切にしてください。

マイナスの言葉かけが子どもに良くない影響を与える

近年、欧米では「マルトリートメントが脳の発達に影響を与える」という考え方が一般化しています。

マルトリートメントとは「不適切な養育」のことで、身体的虐待、性的虐待だけではなく、ネグレクト、心理的虐待などの総称です。その中に、当然ながら「暴言」も入っています。

マイナスの言葉かけの極致である暴言を受け続けると、子どもの脳の聴覚野が肥大して、心因性難聴になったり会話力が低下することがあります。

暴言というほど激しくなくても、常にマイナスの言葉を浴び続けていると、子どもは委縮してしまいます。

ですから「暴言なんか言っていないから大丈夫」というわけではありませんし、お母さ

ニュートラルな気持ちで子どもの話に耳を傾けましょう。

暴言は子どもの心身に悪影響を及ぼします。

んたちも悪気なく、しつけのつもりでマイナスの言葉かけをしていることがあるので要注意です。

たとえば上野歯科医院で、私が「今日は何をした？　楽しいことあった？」とお子さんに声かけをした時のこと。

「うん、楽しかったよ。おじいちゃんとおばあちゃんと、温泉に行ったの！」という元気な返事を、横からお母さんが、「どうしてそんなウソをつくの？」とさえぎりました。

どうやら、おじいちゃん・おばあちゃんと温泉に行ったのは先週末で、今日のことではなかったのです。

「今日は何をした？」と聞かれたのに、今日ではないことを話したウチの子はウソをついた！ という感覚なのでしょう。

でも、その子は決してウソをついたつもりはありません。私の問いかけの中の「今日」ではなく、「楽しかった？」にフォーカスしただけ。

「ウソ」とマイナスの言葉をかけるよりも、「そうね、この前の土曜日に行って楽しかったよね」と、楽しかった気持ちを受け入れてください。


親は子どもの間違いを正そうとしますが、子どもは大人とは見ている景色や時間の感覚が違うということを理解して、自分の価値判断ではなくニュートラルな気持ちで子どもの言葉を聞くことが大切です。

否定形での言葉かけを避ける

人間の脳は、否定形の言葉を認識しにくいのだそうです。

ですから、子どもに対して何か注意する時に「〜しないで」と否定形を使っても、それが入ってこないのです。

かえって「〜しないで」の「〜」の部分に反応して、それをやってしまう傾向さえあります。だから、言い方を変えてみることが大切。

たとえば「走らないで！」ではなく、「止まろうね」「ゆっくり行こうね」などの言い方に変換するといいですね。

外出先でトイレを使うと、「いつもきれいに使ってくれてありがとう」と貼り紙がしてあることがあります。これは、「汚くしないで」という形ではなく、肯定的な言い方に変えて効果を期待している例です。

サッカー日本代表がブラジル・ワールドカップ出場を決めた夜に、渋谷で騒ぐ若者たちを華麗に誘導したＤＪポリスを覚えていますか？

興奮状態で混沌《こんとん》とした雑踏に向けて、「立ち止まらないでください」「信号を無視しないでください」ではなく、「サポーターは12番目の選手です。ルールを守りましょう」「日本代表のように素晴らしいチームワークで駅の方向に進んでください」とポジティブな声かけで若者の心をつかみ、話題になりました。

つい否定形を使って注意したくなる時、どんな言い方に変換できるかがカギです。

子どもに注意する場面を想像して、言い換えの練習をしてみるといいですね。

大事なのは「自己効力感」と「自己有用感」を高める言葉かけ

よく、「自己肯定感を高める子育てが大事」と言われますよね。

自己肯定感が高ければ、人からの評価をむやみに気にしたり、自分と誰かを比較することなく、精神的に安定することができます。

すると、失敗を怖がらずにチャレンジする気持ちも芽生え、可能性をどんどん広げていけます。

親は、子どもの可能性を広げたいもの。確かに自己肯定感を高めることはとても大事で、目標にしたいところです。

ただ、内閣府の「子供・若者白書」などでも指摘されている通り、日本は諸外国と比較すると、若者の自己肯定感が低い傾向にあります。

若者の自己肯定感が低いということは、子ども時代から低かったのでしょうし、低いまま親になるわけです。

ですから「自己肯定感を高める子育てをしよう！」と意気込んでも、とてもハードルが高いのが現状です。

そこで私が提案しているのが、**「まずは自己効力感と自己有用感を高めていくことを念頭に置きながら、育児をしましょう」**ということです。

では、自己効力感と自己有用感とは何でしょうか。

自己肯定感を支える感覚として、自己効力感と自己決定感、そして自己有用感があります。

自己肯定感　自分のありのままを積極的に評価し、自分の価値や存在意義を肯定できる感覚

自己効力感　やるべきことを、「やり遂げられる」と自分の可能性を信じることができる感覚

自己決定感　自分自身が、何ものにも拘束されずに決定できると感じることで、自発的に行動しているという感覚

自己有用感　自分と他者との関係を肯定的に受け入れ、「誰かに必要とされることが嬉しい」と満足できる感覚

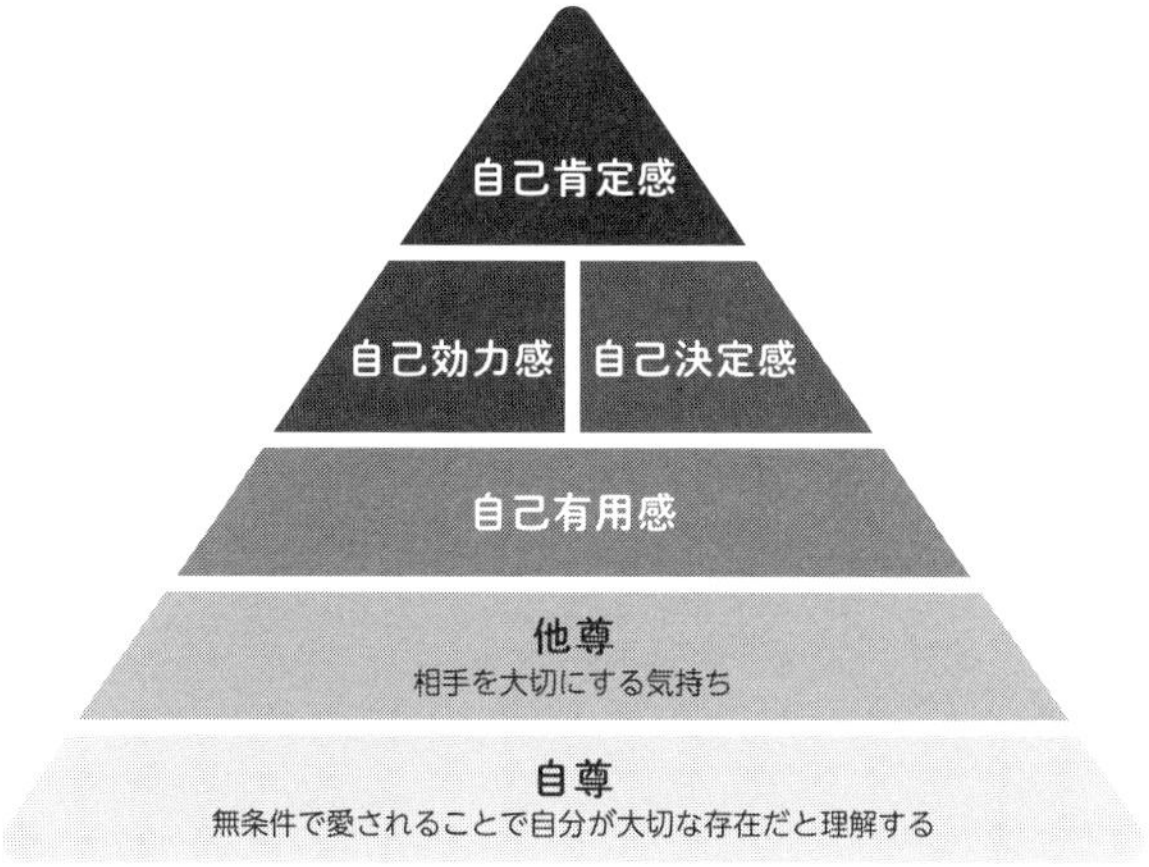

肯定感のピラミッド　【作成：著者】

自己肯定感は、自己効力感と自己決定感、自己有用感がしっかりと育ってこそ、それが土台となって育まれます。

ですから、まずピラミッドの頂上である自己肯定感を目指すよりも、土台となる3つの感覚を高めることを目指すほうが、ハードルは低いわけです。

自己効力感・自己決定感の高め方

小さな選択や決定をさせていくことが、自己効力感と自己決定感を高めます。

子どもが自分自身で考えられるように、親としては「あなたはそうしたいんだね、それを選んだんだね」というスタンスで、応援してあげるような言葉かけを意識しましょう。

とはいえ、子どもにたくさんの選択肢を与えると難しいので、少しずつ決められるようプロセスを踏むことが大切ですね。

プロセス1

まずはとても簡単な質問をして、２つの選択肢から1つを選んでもらう。

複雑なことではなく、単純なことでいい。

例 「犬と猫のどちらが好き？」

「りんごとバナナ、どちらが食べたい？」

プロセス2

子どもが選択したことに対して、はじめはその理由は聞かない。だんだん選べるようになってきたら、「なぜ？」という質問をする。

プロセス3

子どもが答えられたらOK。プロセス4へ。答えられなかったら、大人が2つの例を挙げて質問として投げかける。

例

親「犬と猫のどちらが好き？」
子「猫が好き」
親「どうして猫が好きなの？」
子「……」
親「ふわふわだから？
　高いところにジャンプできるから？」

小さな選択や決定をたくさんさせてあげましょう。

プロセス4

子どもの選択とその理由を文章化して子どもにインプットする。

例　子「ふわふわだから！」
親「そうなんだね！　〇〇ちゃんは、ふわふわだから猫が好きなんだね！」

このようなやり取りを日々くり返すことで、語彙が増えるうえに「自分は選べる」「決めることができる」と、自分の可能性を信じることができるようになります。

自己有用感の高め方

内閣府の令和元年版「子供・若者白書」で、日本の若者の自己有用感の低さが指摘されていました。

しかし元来、日本人は「人の役に立ちたい」「誰かのために何かできれば嬉しい」という人が多いように思います。

統計的に自己有用感が低いのは、役に立ちたいという気持ちが強いからこそ、「役に立ちたいのに、思うように役立っていない」と自分に厳しくなるからではないでしょうか。

自己有用感を高めることは、難しくありません。

どんなに小さなことでも、子どもに対して「ありがとう」「助かったよ」ということを、必ず伝えるようにしましょう。

子どもに対して感謝を伝えることを、意識しないとつい忘れがちな親御さんも多いと思います。

しかし、子どもは自分の付属物ではなく、一人の人間であることを考えれば、感謝を伝えることは当然ですよね。

友人に何かしてもらって、「ありがとう」を言わないことがありますか？　それと同じで、相手が子どもであれ、お礼は言うべきものです。

お手伝いを頼むのも子どもの自立には大切なことなので、どんどんお願いして「ありがとう！」「○○ちゃんのおかげ！」という感謝の言葉をたくさん浴びせましょう。

また、子どもが何かしてくれたから感謝するだけでなく、子ども自身がこだわりを持ってやり通したことがあったり頑張ったことがあったら、その姿勢を認めることも大事です。人のために役立つことに加えて、自分のためにも頑張ろうとする気持ちは、小さな子どもの心にも自然と芽生えてくるもの。その気持ちは、まわりの人に認められることで、どんどん育っていきます。

このような、感謝され、認められる喜びは、「自分は、他者にも自分にもプラスの存在でいられる」という自信につながります。それが、自己有用感を高めるためにはとても効果的です。

五感を育てる言葉かけ——感覚統合が発達に与える影響

日常生活において、子どもが状況に応じて適切な動きができるようになるために、とても大切なことがあります。

それは、「感覚統合」です。

感覚統合とは

私たちが毎日無意識に行っている動作や行為は、感覚が下支えとなっています。

つまり、「味覚」「聴覚」「嗅覚」「視覚」「触覚」の五感に「前庭感覚（自分の身体の向きや動きを感じ取るバランス感覚」「固有感覚（筋肉や関節のセルフコントロール感覚）」の2つの感覚を合わせた7つの感覚を通して、周囲の状況を知り、それに対応するように身体を動かします。

もしその動きが間違っていれば修正を加え、環境に応じた行動へと更新していきます。

適切な行動をとるために、こうした感覚情報をうまく処理して組織化していくことを感覚統合と言います。


つまり、**感覚統合が適切に行われることで、バランスの良い健やかな発達が実現するということ**です。

よく「五感を育てることが大事」と言われますが、その言葉にはこうした根拠があるのですね。

感覚統合を語るには、五感にプラスして前庭感覚と固有感覚も必要なのですが、私たちはまず、より馴染みのある「五感」を意識して子育てをしていけばいいと思います。

五感をキャッチする感覚受容器は、生まれた時から備わっているものではありません。成長するにつれ、だんだんと完成していくもので、たとえば視力が完成するのは6～7歳です。

出来上がっていないからこそ、親の働きかけで丁寧に育てていきたいものです。

五感の中でも、土台となるのは触覚です。つまり、触覚こそが他の感覚の基礎になっているのです。

だからこそ、赤ちゃんの時期から触覚を育むことが重要。

実は**口が触覚の受容器で、味覚よりも触覚を敏感に感じるようになっています。赤ちゃんが何でもものを口に入れたがるのは、触覚の発達のために必要なこと**なのです。

親の観点から「何でも口に入れてはダメ！」と禁止するのではなく、危ないものでなければ、たくさんの触覚感覚を磨くものを与えていただきたいです。

触覚を土台にして、他の感覚も発達していき、徐々に感覚統合が行われていきます。

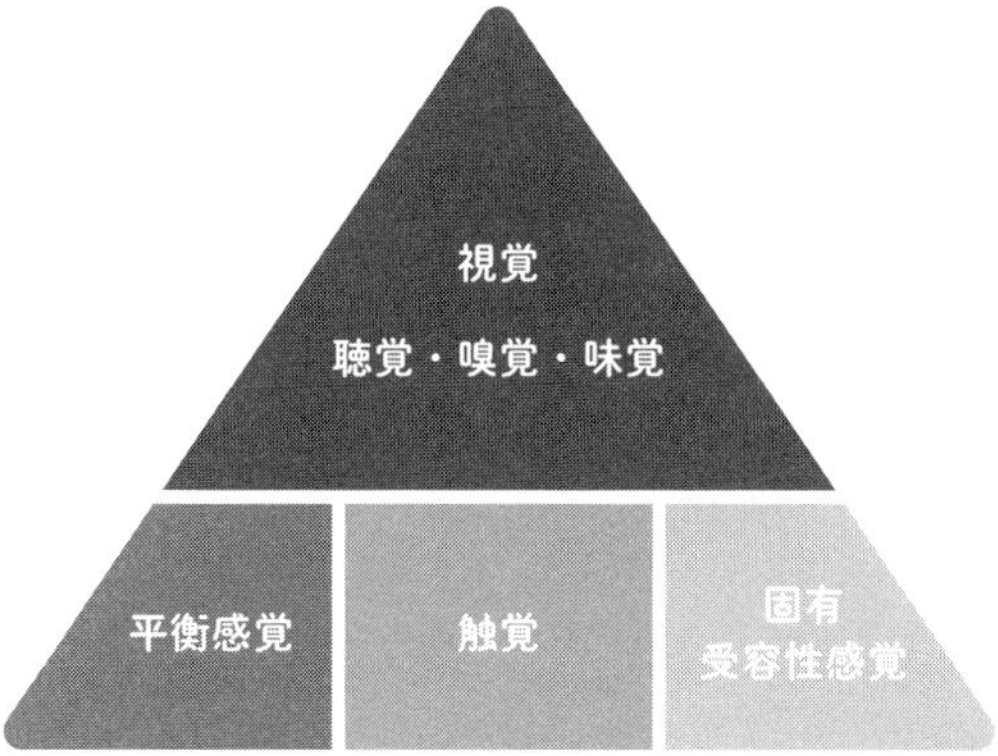

感覚システムのピラミッド

まだ五感の発展途上で感覚統合ができていない子どもを、五感を意識して丁寧に育てること。それが、**子どもが日常生活を送るうえでストレスなく適切な行動がとれるようになるために、どれだけ大切なことかをぜひ理解してください。**

子どもは無意識ながら、成長発達に必要なことを自ら獲得しようとするものです。

たとえば、最近はスライムづくりに夢中になっている子どもが多いようですが、それは自ら触覚を発達させようとしていることの表れだと思われます。

また、意味もなくぐるぐる回っていたり、場所を選ばずでんぐり返しをしている子も、感覚統合のための動きをしているのです。

むやみに「こんなところで何してるの！」「家の中で騒がないで！」と禁止せずに、危険がない限りは見守る姿勢でいることが大切です。

もし五感がうまく育たず、正常な感覚統合が行われなかったとしたら、どうなるでしょうか。

たとえば冷たい水を触った時や、履いた靴がきつかった時、「冷たい」「きつい」ではなく「痛い」としか表現できない。

ある特定の音が苦手でパニックを起こしてしまうので、外出時にはノイズキャンセラーを装着しなければいけない。

キャッチボールができない。

転んだ時に、とっさに手をついて身を守ることができない。

言葉がうまく出てこなくてコミュニケーションに難がある……。

このように、いわゆる「不器用な子」「扱いづらい子」になっていきます。

できないことが多くて、いろいろな経験に乏しく、将来の選択肢も狭まってしまったら残念だと思いませんか？

こうした子を周囲が色眼鏡で見ずに、「個性」として受け止めることも必要ですが、**本人がストレスを抱えることのないように感覚統合を促すことが、一番本人のためになりますよね。**

そこで重要になってくるのが、五感を育てる言葉かけです。

五感を育てる言葉かけ——言葉かけが将来の可能性を広げる

五感は、味わう、聞く、においをかぐ、見る、触る、といった動作によって育まれるので、まずはこうした五感につながる動きをどんどんさせることが必要なことは言うまでもありません。加えて、そうした動きによって得られた感覚を、言葉にして引き出すことが大切なのです。

ですから、子どもが「お腹が痛い」と言ったら、「どんなふうに痛いのかな？　刺されたみたいにズキズキする？　それとも重い感じ？」というように、表現をいろいろ提示してみましょう。

子どもの言葉から表現を広げるだけでなく、日常生活の中にも、感覚を表現する言葉はたくさん転がっているはずです。


「イチゴはおいしいね、甘いね！　食べると元気になれる」

「あそこに、緑色の木があるね」

「くるくる回って楽しいね」

「海は広いね、キラキラ光ってきれい！」


それから、ある一つの対象物を取り上げて、五感に合わせたさまざまな言葉かけをしてみることもおすすめします。

たとえば「りんご」を取り上げるとすると、どのような言葉かけができるのか実例を挙げてみます。

視覚

「真っ赤でおいしそう！」

「まん丸だから転がっちゃうね」

嗅覚

「どんなにおい？　甘そう？」

「スーッとするにおいだね」

触覚

「ツルツルしてるよ」

「お尻のほうはザラザラだね」

味覚

「甘い！」

「ちょっと酸っぱい感じもするから、サッパリしてる」

聴覚

「（切って）スパッ！　って切れたよ」

「（食べて）シャリシャリするね」

こうした言葉かけで五感が磨かれると、いろいろなことができるようになり、本人の可能性が広がります。
五感は、脳の発達にも大きく関わっているからです。

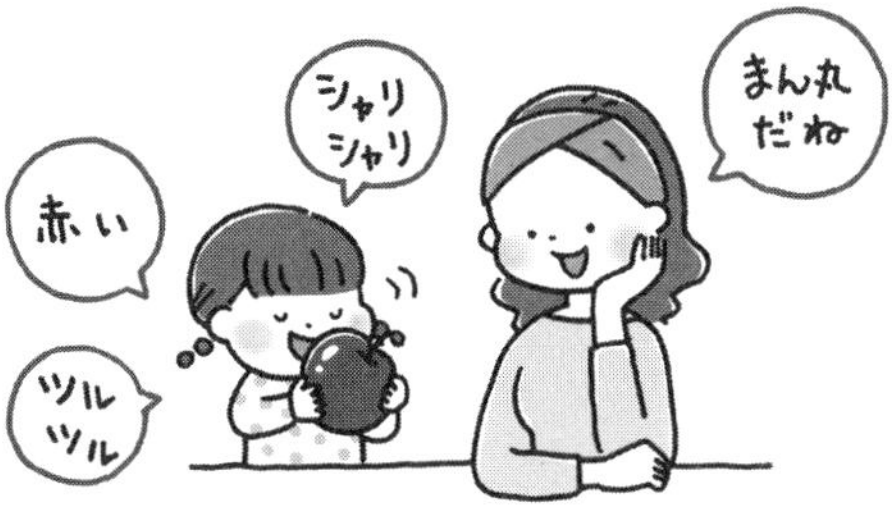

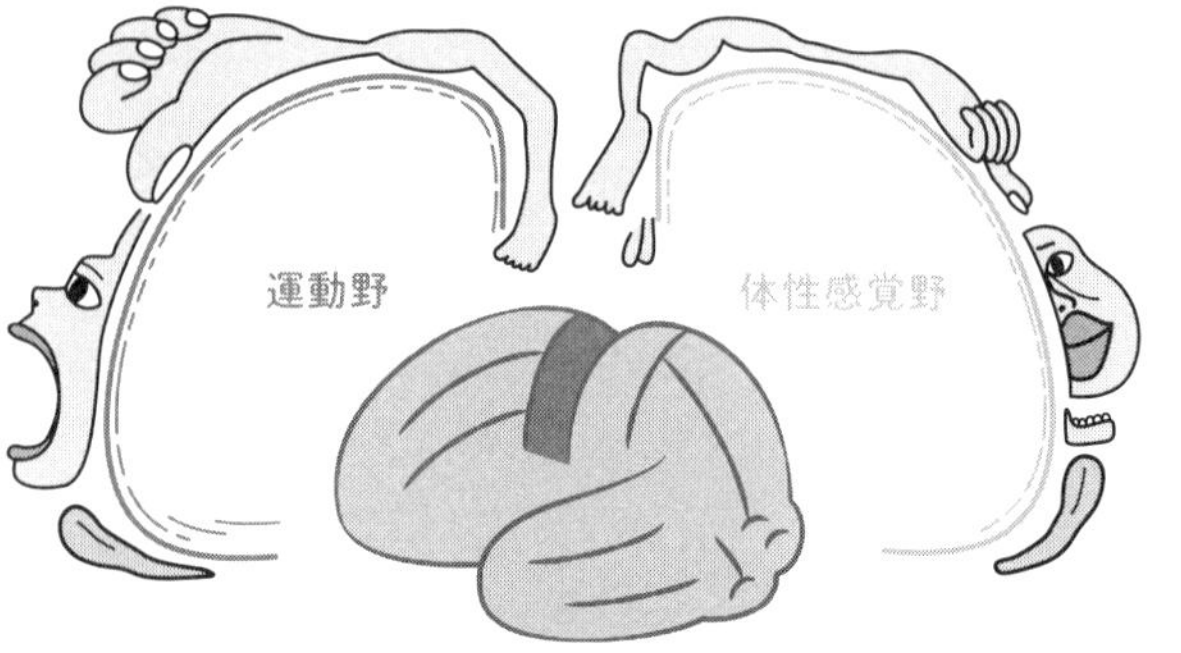

ペンフィールドの地図

カナダの脳外科医であるペンフィールドは、人間の身体のさまざまな部位の機能が、大脳のどこに対応しているかを表す脳の中の地図を発表しました。いわゆる「ペンフィールドの地図」です。

これを見ると、**大脳の多くの部分が手と口の機能に対応しており、手や口をたくさん使って感覚を高めることの大切さがわかります。** 手と口を中心に、まんべんなく感覚を刺激して、バランスよく脳の発達を促したいものです。

また、アメリカの発達心理学教授ハワード・ガードナーが発表したマルティプル・インテリジェンス理論も参考になります。

この理論は、「人間には、①言語的知能 ②論理・数学的知能 ③空間的知能 ④音楽的知能 ⑤身体運動的知能 ⑥対人的知能 ⑦内省的知能 ⑧博物的知能の8つの能力が備わっている」というもので、そのうちのどの知能が高いか低いかという「程度」と「組み合わせ」が、その人の個性になると考えられています。

たとえばプロサッカー選手なら、⑤身体運動的知能が高いことは必要ですが、それだけではプロにはなれませんよね。③空間的知能もかなり必要になります。

どんな職業であっても、一つの能力さえあればいいわけではなく、いろいろな能力が突出した能力を補うわけです。

この理論は、「なるほど」と腑に落ちるものですが、8つの能力では、アーティスティックな能力には言及していないように思えました。そこで私は、「工作・絵画などの創作的知能」も9つ目の能力として加えるべきだと考えて、講演等では「9つの能力」としてみなさんにお伝えしています。

将来の職業の選択肢を増やすためには、9つの能力のうち極端に低いものがないように、子どもが五感をフルに使って能力を高められるよう、サポートしていきましょう。

コラム1 母性神話で自分を縛るお母さんへ

多くの子どもたちが来院してくれる上野歯科医院では、親御さんの子育て相談にも乗っています。そのうちに打ち解けて深くお話しするようになると、重過ぎる悩みを一人で抱えているお母さんたちの姿が見えてきました。

他のママたちは子どもにたくさんの愛情を注いで立派にお母さんをやっているのに、私はどうして子どもをかわいいと思えないのか。育てるだけで精一杯で、愛情を注ぐ余裕なんてない。自分はダメな母親だ……。

このように苦しんでいるお母さんが、実はたくさんいらっしゃいます。

母親とは無条件で子どもを愛し、自分のことは二の次で、子どものために苦労をいとわないもの。そんな母性神話に囚われているのではないでしょうか。

人は育ってきた環境も経験もさまざまなので、〝お母さん〟とカテゴライズされたからといって、みんなが母性を発揮するわけではありません。悩みながら手探りで、少しずつお母さんになっていく人もたくさんいます。

子どもがかわいくて仕方がない！　というお母さんと同じくらい、子どもがかわいいと思えないお母さんがいてもあたりまえ。一人ひとりの顔が違うのと同じように、お母さんのあり方もまた、みんな違っていいのです。

ですから、ご自分を責めないでください。苦しかったら、ぜひ上野歯科医院にお越しください！　私はどの程度お力になれるかわかりませんが、たくさんお話を聞き、寄り添うことならできます。お子さんだけでなく、お母さんの成長を見守らせていただくことに、幸せと使命感を感じていますから。

来院が難しいなら、**秘密のノートをつくってひたすら気持ちを書いてみる。そうやって心の整理をすると、やがて気持ちが落ち着いてきます。そして、できるならノートを破ってぶん投げる！　スッキリしますよ。**

落ち着いたら、次は自分をいたわる番です。ステキな言葉を書きつけたメモを身につけたり、鏡を見ながら「誉め言葉」を自分に贈りましょう。

どうぞ、ご自分をいたわることを忘れずに。そして母性については、自然に任せてみませんか？

「多角的視点と知識で いつもサポートしてくれる」

東京都在住　30代

清香先生のセミナーで、「口腔内、呼吸、姿勢と発達・発育はつながっていて、育てないと育たない」と聞きとても印象に残りました。一人ひとり発達のペースは違っても、口腔内の機能発育に飛び級はないということ。そこで、長女が生後4カ月から子育てサポートを受けるために上野歯科医院に通っています。遊びや日常生活の中で取り入れられることを学びながら、たくさんの母娘とコミュニケーションをとってきました。赤ちゃんの頃からの積み重ねのおかげで、4歳になった長女は、ボール投げやハサミの使い方などがしっかりできます。次女もお世話になっていて、子どもと一緒に床に寝っ転がりながら丁寧に教えてくださる先生には、感謝しかありません。常に子どもたちのことを考え、多角的視点と知識でサポートしてくださってありがたいです。

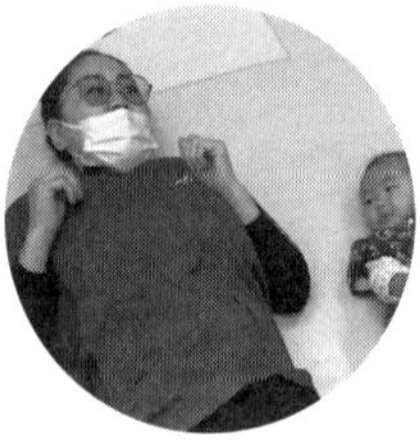

第2章

子どもの身体の成長と言葉かけの関係

子どもの成長過程を知ろう！

私たち大人はもう、自分が生まれてからどんな過程を経て成長してきたのか、まったく覚えていませんよね。

だからこそ、子どもの成長は喜びでありながら、私たちに多くの戸惑いや不安をもたらします。

どんなふうに子どもは大きくなっていくのか。それさえきちんと知っていれば、不安も減って適切な向き合い方ができるというものです。

そこで、まずは成長過程を正しく知るところからはじめましょう。

発達段階でのボディサイン

子どもが成長していくうえで、よくやる仕草、よく見る行動。それは、「正常に発達していますよ」と子どもの身体が教えてくれるサインです。

ここでは、その代表的なものをいくつかご紹介します。

時には「いったいこの仕草はどういう意味?」と不思議に感じたり、大人の感覚で「やめさせたいな」と思ったりすることもありますが、**発達段階ではあたりまえのことだということを知り、落ち着いて見守りましょう。**

また、ボディサインがわかりやすく顕著に現れるか、あまり感じられないかはその子にもよりますし、いつ頃出てくる仕草や行動なのかは、あくまで目安です。

我が子に必ずしも当てはまらなくても、あまり心配しないようにしてください。

ハンドリガード

ハンドリガードは、見たものを認識し、確認するための仕草です。

赤ちゃんは、**最初にものをじっと見つめる「注視」ができるようになります。それが、だいたい生後1カ月頃。次に、生後2~3カ月頃になると、動いているものを目で追うようになってきます。これが「追視」です。**

このように見る力がついていく過程で、だんだん自由に動かせるようになった自分の手赤ちゃんは生まれてから、日々めざましく成長していきます。
成長過程では、さまざまな特徴があります。
個人差もありますが、成長段階を知っておきましょう。

③ 両側《りょうそく》遊び

4ヵ月頃

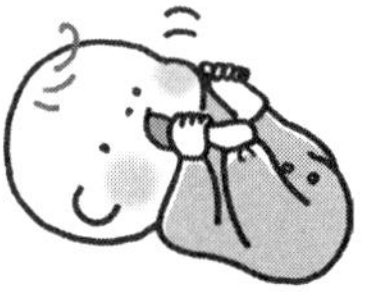

④ フットリガード

4〜5ヵ月

⑦ 前期　ハイハイ　⑧ 後期

8〜9ヵ月

⑨ 高ばい

10〜12ヵ月

⑫ 立っち

12〜14ヵ月

⑬ 歩く

14ヵ月〜

赤ちゃんの成長過程

❶ 新生児

0ヵ月

❷ ハンドリガード

2～3ヵ月

❺ 寝返り

6ヵ月頃

❻ ずりばい

7～8ヵ月

❿ おすわり

10～11ヵ月

⓫ つかまり立ち

12ヵ月

の存在に気づくようになります。

そして、自分の手をじっと見つめたり口に入れたりして、その存在を確認しようとするのです。

このハンドリガードの一環で、赤ちゃんがよくするのが指しゃぶり。

自分の視界に手が入ってきて、「これは何だろう？」と考えた赤ちゃんが、触覚の受容器である口の中に入れて、どんなものなのか確かめる。

それが指しゃぶりであり、**口を通して外界を知るための大切な行為なのです。**

フットリガード

ハンドリガードの後、生後5～7カ月頃になると、今度は手ではなく自分の足を舐めるようになってきます。

原理としては、ハンドリガードと同じ。足が目に入るようになり、気になって口にパクッと入れてしまうのです。

でもフットリガードもハンドリガードと同じで、大切な行為であることを理解しておい

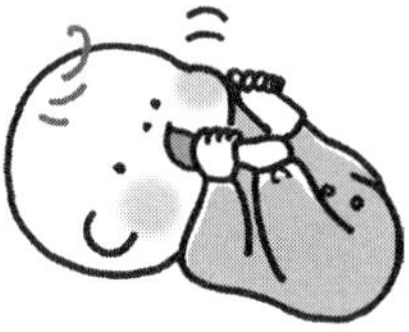

フットリガード

ピボットターン

てください。

フットリガードが終わると、寝返りがはじまります。

ピボットターン

生後6～7カ月頃に、赤ちゃんがうつぶせの状態で、お腹を軸にしてその場でぐるぐる回ってしまうような動きをします。これがピボットターン。

ハイハイするための、準備になる動きです。ハイハイをするには、手も足も両方とも、左右交互に動かすことができなければなりません。しかし、まだそこまで発達していなくて、手だけなら交互に動かせる、あるいは足だけ、という場合には、うまく前に進めずにその場で回転してしまうのです。

とはいえ、赤ちゃんは一生懸命に動こうとしています。**自分で動くために、一生懸命に手足を左右交互に動かす機能を獲得しようとしているのです。**

ですから、たとえば赤ちゃんが何かに手を伸ばしてピボットターンをしていたら、「欲しがっているな」と察しても、簡単に取ってあげないほうがいいですね。

自分でなんとか取ろうとすることが、ハイハイへとつながる身体の発達を促すのですから。

高ばい

赤ちゃんが自分で移動できるようになるのは、いわゆる「ハイハイ」をするようになってからです。

だいたい生後8カ月頃と言われるハイハイにも段階があって、まずは「ずりばい」。お腹を床につけたまま、ほふく前進のように這う動作です。

次に、「四つばい」。腕を伸ばして膝をつく四つんばいの姿勢で這う動作で、これが一般

ずりばい

高ばい

ハイハイ後期

的に「ハイハイ」として連想される動きでしょう。

そして、「高ばい」。これは、手足を伸ばして、お尻を高くして膝もつかずに這うことです。四足歩行のようなイメージですね。

この高ばいが、赤ちゃんの発達にはとても大切だということを、ぜひ知っておいてください。

まず、高ばいは、**身体の手足など各部分が相互に協調して動く全身運動なので、身体機能をバランスよく高めることができます。**

そして腕をつくことで腕の筋力がつき、膝を伸ばしているので膝を伸ばし広げる力もつきます。

高ばいの効果として中でも注目すべきは、

「親指蹴り」が身につくことです。親指蹴りとは、つま先を立てて、親指で床面を蹴ること。この動作を身につけることで、前進できるようになるわけです。

床を蹴って鍛えて、足の親指がうまく動かせるようになると、その後の動作にも大きく影響します。

いろいろな動きをスムーズにこなすために、足の親指の存在はとても重要なのです。もし親指をうまく使えなければ、さまざまな不具合が出てきます。

たとえば、足の指に体重を乗せられず、足裏全体をベタッとつけて歩く「ベタ足歩き」になってしまう。

走るのが遅くなり、ジャンプもうまくできない。

姿勢が悪い。

身体のバランスをうまくとれないことで、ケガをしやすくなる。

どうも運動が苦手だとか、なんだか動きがぎこちない子どもというのは、高ばいを経験せずに親指蹴りができないまま、赤ちゃんの時期を卒業してしまったのかもしれません。

もし、そんな可能性があると思ったら、後からでも遊びながら「クマ歩き」として高ばいのような動きを取り入れてみるといいですね。動物の真似をしながら、親指蹴りの訓練ができると、だんだんとスムーズに動けるようになってきます。

気づかずにやってしまうかも？ 発達の阻害行為

このような発達過程でのボディサインを知って、その妨げにならないような子育てを心がけてください。

たとえば、もこもこに厚着させていたら、動きにくくてピボットターンができないかもしれません。

歩行器を長時間使わせていたら、ハイハイで自ら動く練習ができません。

ワンオペ育児で頑張るお母さんたちが多いことは承知しています。赤ちゃんの動きをいろいろ制限したほうがラクですし、どうしてもそうせざるを得ないこともあると思います。

でも、**なるべくなら伸び伸びと、赤ちゃんが発達のままに動ける環境を整えてあげられるといいですね。**そのためにも、どんな行為が子どもの発達を妨げるのかを、具体的に知っておきましょう。

もちろん、親のほうには、我が子の発達を妨げようというつもりはなく、むしろ愛情からの行為であり、悪いと思っていないからこそ気づきにくい。**事実を知って、意識を変えることが大切です。**

そして、もし知らずにやってしまっていたとしても、リカバリー方法もあるので心配し過ぎないでください。

では、子どもの発達段階ごとに、ありがちなお母さんのカンちがいを挙げてみましょう。あわせてリカバリー方法もご紹介します。

新生児に対するカンちがい

ずばり、厚着です。

風邪をひかせるのが心配で、着せ過ぎてしまう。でも、あんなに小さくて体温調節もまだできない赤ちゃんに厚着させたら、どんどん暑くなってしまいます。

また、胎児の時は無重力状態だったのに、生まれてきたら厚着や寝具のかけ過ぎで重力を感じてしまい苦しいはず。もちろん、首の廻旋《かいせん》（首を回す運動や動き）など、動きの妨げにもなります。

服の着せ過ぎに注意！

衣服や寝具で動きにくいと、向き癖（同じ方向ばかり向く）がついてしまうこともあります。

リカバリー方法

＊赤ちゃんの起床時に首の廻旋を促すような音を聞かせたり、声かけをする。ただし、いきなり音を出すと驚いてしまう赤ちゃんもいるので、優しい声かけからはじめること。

例：優しく声をかけ、音の出るオモチャをゆっくり鳴らし注意を引きつける。

＊赤ちゃんの目線15～20センチにオモチャを持っていき、音を鳴らしながらゆっく

り右へ左へと動かし、首の廻旋を促す。

ハンドリガード期のカンちがい

指しゃぶりを禁止してしまうこと。

ハンドリガードについてはすでに説明しました。これを不衛生だと考えて、指しゃぶりをさせないようにしてしまう、あるいは手にミトンをはめてしまうことがあります。

でも、**口は赤ちゃんの一番の感覚受容器です。何でも口に入れて、感触（触覚）を勉強しているところなのです。**

歯並びに影響するような、大きくなってからの指しゃぶりとは違います。指や手も、自分の身体の一部だと認識するために頑張っているのだと見守ってください。

リカバリー方法

＊口に対する刺激を与えてみる。

ベビーマッサージ

ハンドリガード期は
親指からスタート
します

手のひら側から指の先に向かってくるくると
優しく回し押しするようにしてマッサージしましょう。

（毎日の歯ブラシで刺激／歯茎マッサージ／赤ちゃんの親指を、赤ちゃんの口元に持っていってみる）

＊間違って飲み込んでも喉に詰まらないような、尖っていない安全なおもちゃを大きさ・形状さまざま用意。それをニギニギと触らせる。

＊指や手の平をベビーマッサージの要領で刺激（イラスト参照）。

うつぶせ期のカンちがい

赤ちゃんがうつぶせができるようになってきたら、まずふかふかの寝具やモコモコの衣服は避けましょう。成長の妨げになるわけではありませんが、寝具に身体が沈み込んだり、衣服に顔を埋めてしまったら危険です。

また、起きていてうつぶせ状態でいる時に、窒息の危険があるとして赤ちゃんを起こしてあおむけに直す方がいますが、これも成長の妨げになります。

うつぶせ状態から上半身を起こすことで、肺が鍛えられるので、うつぶせを禁止しないでください。

リカバリー方法

*うつぶせ遊び。自分で頭を上げるように、目の前におもちゃなどを置いて遊ばせるとよい。

寝具に顔を埋めてしまわないよう、必ずそばにいること。

うつぶせ遊びをたくさんさせましょう。
遊ばせる時は、近くで見守ること。

＊一緒に就寝している場合は、同じ方向ばかり向いて寝ることのないように、左右交互に向きを変えるように意識すること。

＊ぎったんばっこんのような、上体起こしの遊びを取り入れる。
ただし、腕や手を引っ張ると危険なので、把握反射（手の平に触れるとギュッと握る原始反射）を利用して、お母さんの指をギュっと握らせて行う。

＊胸の下に円柱状に丸めたバスタオルなどを入れ、うつぶせ姿勢の補助をする。

フットリガード期のカンちがい

すでにご説明した通り、フットリガードはハンドリガード同様、発達に必要なあたりまえの行動です。

ですから、足指を舐めることを不衛生だと誤解してやめさせると、発達を妨げることになります。足を舐めにくい衣服も、着せないように注意しましょう。

また、赤ちゃんの背中を反らせた姿勢での抱っこも、フットリガードの妨げになります。赤ちゃんは生理的屈曲で背骨がCカーブを描いている、つまり軽く背を丸めているもの。そのままの体位で抱っこすると、口と足が近づいて自然にフットリガードを行うことができますが、背中が反っていると口と足が離れてフットリガードはできません。

リカバリー方法

＊生理的屈曲を意識して、「も」の字のような体位での抱っこにする。

そして、赤ちゃんが自分の手で足をつかめるようにし、足の親指を口元に近づけやす

「も」の字のように、ゆるく身体を曲げるように抱っこしましょう。

いようにする。

ずりばい〜ハイハイ前期のカンちがい

片手での抱っこが多いと、ずりばいやハイハイがうまくいかない場合があります。
抱っこをされている時、いつも同じ側の腕や足が抱っこしてくれる大人の腕や身体で挟み込まれるので、挟まれるほうの腕や足がうまく使えないケースが出てくるからです。

リカバリー方法

＊抱っこする腕を、交互に替えてみる。
＊赤ちゃんがずりばいやハイハイの時に、

特定の側の手足しか動かさないのであれば、使わないほうの手に向けておもちゃを手渡しする。赤ちゃんとの距離をしっかり空けて、いつもは動かさないほうの腕を伸ばしておもちゃを取りにこさせる感覚で。

ハイハイ期のカンちがい

靴下を履かせていること。寒いと思うのかもしれませんが、足が滑ってしまいます。また、デニム生地など硬い衣服を着せると、股関節や下半身が動きにくくなります。肌に優しい、動きやすい衣服をおすすめします。

リカバリー方法

＊上半身に力をつけさせるため、ぎったんばっこんのような遊びをする（うつぶせ期のリカバリー方法参照）。
＊大人のスネに赤ちゃんを乗せ、飛行体勢をとる。

赤ちゃんをスネに乗せて、前後左右、上下に動かします。

＊靴下を履かせず、足裏マッサージなどで足の裏を刺激。

高ばい期のカンちがい

ハイハイ後期になると、足の指5本が反り、背中も反り、お尻が上がるようになって、次の「高ばい」につながっていきます。

高ばいがどんなに重要なのかはすでにご説明しましたが、今は、高ばいをせずに、次の「立っち」に移行してしまう子が増えているように感じます。

赤ちゃんの高ばいの妨げになる行動があるのかどうか、はっきりとは言えませんが、成長を願う親心で、この頃になるとつい「高ばいはしなくてもいいから、早く立っちさせたい」と、手を支えて立たせてしまうのかもしれません。

また、高ばいで動き回るスペースが狭かったり、まわりにすぐつかまれるものがあれば立ってしまうせいかもしれません。

いずれにしても、高ばいは重要なので、もし赤ちゃんが高ばいしないようならリカバリーをしましょう。

リカバリー方法

＊赤ちゃんが興味のあるものを床に置く。
＊滑り台を下から上らせる（他のお子さんがいない時など）。
＊手押し車で遊ばせる。
＊クマ歩きのような動物の真似をする遊びで、高ばいに似た動きをする。

クマ歩き遊び。親子で動物の真似遊びをしましょう。四つ足の動物がおすすめです。

身体を支えて手押し車遊びをしましょう。声かけも忘れずに。

おすわり期のカンちがい

道具を使って赤ちゃんを座らせてしまうケースがありますが、これは避けたいものです。

おすわりとは、自立座位（背中をまっすぐに立てて、ぶらぶらせずに自分の力だけで座位を保つ）ができること。

支えを与えることで、自分の力で背中をまっすぐに立てて座ることが、なかなかできなくなります。

箱の中で座らせて、引っ張ったり傾けたりして揺らしてあげましょう。
上半身が鍛えられて、バランス感覚、掴む力の強化にもつながります。

円柱に座らせて、背中を立たせるようにする。不安定なので、何かあったらすぐ対処できるよう、近くで見守りましょう。

リカバリー方法

＊円柱に座らせ、背中を立たせるようにする。

あんよ期以前のカンちがい

歩く以前の段階から、つかまり立ちも立っちもあんよも、まわりの大人が支えてやらせてしまう場合があります。

すると上半身の力がつかないままに歩きはじめてしまい、歩き方がおかしかったり、つまずいてばかりだったりするのです。

リカバリー方法

＊上半身運動。箱に子どもを入れて揺らす自動車遊び。箱の中で揺れる子どもは、倒れないように上半身を保持するために力を入れるので、上半身の強化につながる。ぎったんばっこんの遊びも良い。

＊ハイハイ遊び。四つ足動物の真似をして遊ぶ。下を向かずに頭部を持ち上げるように促すことがポイント。

＊歩行を守る靴を選ぶ（芯材が入ってしっかりしているかかと、着脱可能な中敷き、軟らかく曲げやすい指先）。

神さまからの贈り物「原始反射」

ここまでは、発達段階での赤ちゃんの動きや仕草について説明してきましたが、「動き」と同じように大切な「反射」もあることをご存知ですか？

環境に適応して成長していくために、生まれながらに備わった機能と言えばいいでしょうか。この反射を、「原始反射」と言います。

大まかに説明すると、反射をくり返すことによって中枢神経系が発達していき、その結果として筋力や知的能力も発達し、やがて無意識な運動（＝反射）から意識した運動（＝随意運動）ができるようになっていくのです。

つまり、**赤ちゃんが意図を持って動けるようになるための準備として、反射があるということです。**

原始反射は、人が人としてスムーズに生きていけるよう、神さまがくれた贈り物のようだと思いませんか？

赤ちゃんの原始反射はいくつもありますが、それぞれ現れる時期が違います。そして必要がなくなれば、つまり意図的な動きができるようになれば自然に消失するのです。

この消失のことを＊「統合」と言います。だいたい2歳頃にすべての反射が統合し、一人の「環境に適応して生きていける人」になっていきます。

では、もし原始反射が統合されなかったらどうなるでしょうか。

いつまでも反射が残り、成長しても日常生活の中にそれが現れることで、生きづらさにつながってしまう恐れがあります。

主な原始反射とその特徴

反射	特徴	消失時期
追いかけ反射	刺激を受けたほうへ顔を向けて乳首を探す	4～7ヵ月
捕捉反射	唇と舌を使って乳首をつかまえる	
吸啜反射	口の中に乳首が入ると反射的に吸いつく	
押し出し反射	固形物を口に入れようとすると吐き出す	
歩行反射	身体を支えて足を床につけて前に傾けると、歩くような動きをする	1ヵ月
モロー反射	大きな音などに反応して、手足をビクッとさせ、その後バンザイをするように腕を広げ、しがみつくような姿勢をする	4ヵ月
バビンスキー反射	足の裏をくすぐると指が扇のように広がる	2歳
手掌把握反射	手で触れるものをつかもうとする	3・4ヵ月
足底把握反射	足の裏で触れるものをつかもうとする	9ヵ月
恐怖麻痺反射	胎児の時期からはじまるとされる反射で、身体を小さく硬く丸める。	―

＊この「統合」という言葉は、アメリカで開発されたプログラム「ブレインジム」の考え方に基づいて使っています。

テレビのバラエティー番組などで、「運動音痴芸人」とラベリングされた芸能人の方々が、スムーズにスキップできない、ボールをキャッチできない、ものすごく走るのが遅い、といったおぼつかない動きで笑いを取っているのを見ることがあります。

それを見ると私は、「運動能力が劣っているというわけではなく、原始反射が残っているのかもしれないな」と思います。

たとえばスキップがうまくできない人。その理由として考えられることはいろいろありますし、複合的でもあると思うのですが、「モロー反射」という原始反射が統合されていないことも理由の中にあるのではないでしょうか。

みんながみんなモロー反射のせいというわけではなく、あくまでも可能性の一つとして捉えていただきたいのですが、もしモロー反射でスキップができないとしたら、それはどういうことなのでしょうか。

簡単に言うと**「両手両足を同時に出す反射」が残っているために、手足を交互に動かすスキップができなくなっている状態です。**

実は今、スキップができない子どもが増えています。その原因の一つとして、モロー反射が残ってしまっている子どもが増えているのではないか？　と考えられています。

芸人さんにとって、スキップできないことはおいしいネタになっているかもしれませんが、それが決してめずらしくもない時代が来るかもしれません。

モロー反射に限らず、他の原始反射も統合されない子が増えているのではないかと心配です。

歯科専門である私の立場からは、**口に関わる原始反射の統合が十分ではない子どもがいることを実感しています。**

唇をずっと噛んでいたり、舌で歯を前に押してしまったり、唇をずっと舐めてカサカサになっているなど、いろいろな子どもたちがいます。ほとんどの子に共通しているのは、口をぽかんと開けて、口呼吸をしていることです。

せっかくの神さまからの贈り物。その原始反射をムダにしないように統合し、環境に適応して生きていける子どもを育てたいですね。

原始反射が「統合」されない理由は？

では、原始反射が統合されない理由は何でしょうか。

一概には言えませんが、一つ考えられるのは、反射動作を十分にやり切っていないこと。たとえば、赤ちゃんが「反射チケットを100枚持って生まれてきた」とイメージしてみてください。そして、原始反射が出るたびに、1枚ずつチケットを使っていくとします。反射動作を100回やり切れば、もう手元にチケットは残っていませんよね。でも、やり切っていなくてチケットが残ってしまっている状態。それが、原始反射が残っている状態だと考えられます。

子ども一人ひとりのエネルギーが異なるため、どの程度の反射でいつ使い切るかはそれぞれです。一般化して語ることは難しく、その子にとって、使い切った状態になったかどうかが重要になります。

たとえば「押し出し反射」といって、吸うことができないものが口の中に入ってくると、舌で押し出す反射があります。

押し出し反射

ギャラン反射

母乳やミルクを吸っていたところから、離乳食をはじめようとすると舌で押し出してしまう赤ちゃん、よくいますよね。これは押し出し反射が関係している可能性があります。

この時、「食べ物を口から出すなんて汚い！」とか「ちゃんと食べなきゃ栄養にならない！」と無理に口に押し込むと、反射できずにチケットが残ってしまうのです。

押し出し反射は、誤飲や窒息を防ぐために赤ちゃんが生まれ持った防衛本能とも言われています。自然に消失しますが、この反射を残してしまうと、食べ物が入ってきた時に反射的に顎《あご》を閉じてしまったり、舌を使って食べ物を押し出してしまうなど、食べてくれないといった悩みにもつながることがあります。

また、帝王切開の場合は、産道を通り抜けるためにお尻をふる「ギャラン反射」をするチャンスが、出産時にはありません。だから、残ってしまいがち。

ただ、出産時にすべての反射チケットを使い切るわけではなく、ハイハイなどで肩甲骨《けんこうこつ》を動かすことで、残りのチケットを使い切ることになっています。ですから自然分娩で生まれてきたとしても、ずりばいやハイハイ、高ばいが少ないと、同様にギャラン反射が残ってしまうケースもあります。

帝王切開で生まれた子でも、意識的にハイハイを促し、よく肩甲骨を動かせるようにすることを心がければ問題ありません。

ギャラン反射を残してしまうと、猫背や巻き肩になってしまったり、背中や首が硬いために可動域が狭くなり、動かしにくくなったりするので、学校で授業に集中できないといった弊害が出てきます。

まわりからは「態度が悪い」「姿勢が悪い」と誤解され、叱責《しっせき》を受けることもあります。悪気はないのに、そうなったらかわいそうですよね。

背中が育っていないので、肩が凝りやすいなど健康面でもマイナスです。

子どもたちがこのような苦労を背負わないためにも、**「原始反射は神さまからの贈り物なんだ」とありがたく思って、反射が出る時期は見守る姿勢が大事です。**

動きにくい服を着せたり、毛布やタオルケットでしっかり身体をくるんでしまうことも、反射の動作の妨げになるので気をつけましょう。

一方、原始反射は外からの刺激に反応する動きなので、赤ちゃんを過度に刺激にさらすことで、必要以上に反射の動作を呼び起こしてしまって統合できないケースもあります。

特に、モロー反射や恐怖麻痺反射は、刺激やストレスによって増幅されやすいものですから、赤ちゃんに刺激を与え過ぎないことが大切です。

正しいモロー反射は、日常生活の中での自然な刺激によって引き起こされます。「生後3カ月までは家にいましょう」とよく言われるのは、3カ月までがモロー反射が出やすい期間だからです。

本来、赤ちゃんは静かな環境で育てたいもの。どこにでも連れ歩いて、騒音など外からの刺激をたくさん浴びせてしまうと、そのたびに赤ちゃんが反応してしまい統合できなくなることもあると知っておいてください。

もちろん、やむを得ず外に連れ出すことだってありますよね。完全に静かな環境を用意するのは、現実的ではありません。

だからこそ、せめて**家に戻ったらテレビなどをつけないで、明かりを落とした静かな環境で、ゆっくりと落ち着かせてあげたいものです。**

原始反射が統合されない理由として以上のようなことが考えられますが、はっきりわからない場合もあります。

脳や神経系に異常がある可能性もないとは言えませんので、あまり気になるようなら、専門医に相談してみるといいかもしれません。

原始反射の特質が子どものキャラクターにも関わる？

統合されずに残った原始反射は、その子のキャラクターにも大きな影響を与えると言われています。

ここでは、代表的な原始反射である「モロー反射」と「恐怖麻痺反射」の2つについて、どのような性質の子になるのかを説明します。

モロー反射

モロー反射とは、大きな音や明るい光などの大きな刺激が引き起す「闘争・逃避反応」で、赤ちゃんは手足をビクッとさせてからバンザイをするように腕を広げ、しがみつくような姿勢をします。

モロー反射が残っている子どもは、ひと言で言えば、「唯我独尊」タイプです。人の言うことを聞かないし、聞けない。

「強い」「優しい」などの感覚を伝えようとしても理解できないので、力のコントロールもなかなかうまくできません。ですから、「強く握ってはダメ！　優しくね」と言っても、どの程度が強いのか、どれくらいが優しいのかがわからないのです。

そんな子には、実際にその子の腕をギュッと握ってみて、「これが10の強さだとしたら、

〝優しく〟というのは3くらいの強さだよ」と具体的に説明するようにします。

性格に偏りがあってわがままになっているというよりも、感覚がわからないので相手の身になることができないわけです。

それが「唯我独尊」のように見えますが、相手の感覚を理解できるようになってくれば変わってきます。その感覚をわかりやすく具体的に伝えるために、言って聞かせるだけではなく「一緒に感じながら」の言葉かけができるといいですね。

モロー反射が残っていることは決して悪いことではなく、負けん気が強いので成功に向けてひたむきに頑張るという長所もあります。経営者には、モロー反射を残している人が少なくありません。

ですから、お母さんは「なんとしてでも直さなきゃ！」と焦ることなく、温かく見守って、長所を消してしまわないようにしたいものです。

恐怖麻痺反射

恐怖麻痺反射は、危険なものや怖いものから身を守ろうとする「防御反応」で、赤ちゃんは身体を小さく硬く丸めます。妊娠中のお母さんにストレスがかかるとストレスホルモンが分泌され、その影響で胎児の時期からはじまると言われています。

恐怖麻痺反射が残っている子は、とにかく怖がりです。「怖い!」と思ったら身体を硬くします。人見知りがひどかったり、知らない場所や慣れていない場所に対する不安感が強かったりもします。

「これから何があるんだろう」と、先のことに対する心配や恐怖も持っています。恐怖心が大きくなると、パニックを起こしてしまうことがあり、そうなるとまわりも大変ですね。

恐怖麻痺反射を残した子に対しては、とにかく怖がらせるような刺激を与えないこと。

上野歯科医院にそういうタイプの子どもが来た場合には、いきなり話しかけないようにしています。まずは、お母さんと笑顔で話をする様子を見せて、安心してもらってからゆっくりアプローチ。恐怖麻痺反射を残した子は、まわりをよく観察しているので、納得できれば不安感を取り除くことができるのです。

モロー反射と同じく、この**反射が残っていても、悪いことばかりではありません。中には、参謀型で活躍する人もいます。心配性なので、リスクマネジメントに長けているという性質につながるからでしょう。**

モロー反射

モロー反射を残した子どもは「唯我独尊」タイプが多い。

大きな音などに反応して、手足をビクッと痙攣させたあと、バンザイするように腕を広げます。

恐怖麻痺反射

恐怖麻痺反射を残した子どもはとっても怖がり。

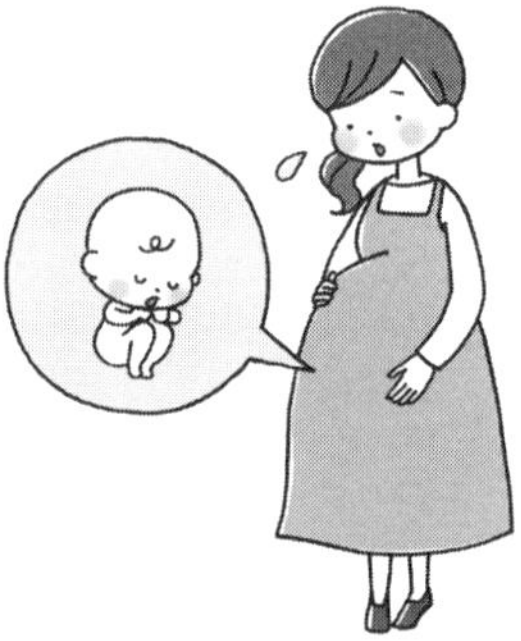

妊娠中のお母さんのお腹の中で、身体を丸く硬めて身を守ろうとする反射。

ここで例に挙げた2つの反射に限らず、**すべての反射は、自然に育てていくことでいずれ統合していくもの**なので、あまり心配しないでください。

ハイハイして、高ばいして……という**あたりまえの発達が、原始反射の統合にも大きな役割を果たします。**

もし統合ができないまま原始反射の時期を過ぎてしまった場合には、身体を使った遊びをどんどんさせてみましょう。

原始反射はあくまでも無意識な状態で起こる動きなので、トレーニングなどではなかなかリカバーできないもの。だからこそ、遊びがいいのです。

遊びに夢中になって背中などをたくさん動かしている間に、多くの原始反射を使うことになります。遊びに必要な身体の動きをさせることで、統合していくのが狙いです。

おすすめなのが、アスレチック。アスレチックでは、赤ちゃんの頃の発達段階で行う身体の動きを、もう一度はじめから体験することができます。

他にはしっぽ取りなど、追いかけて身体を動かす遊びもやってみましょう。今流行っているボルダリングもいいですね。

ただ遊んでいるだけで、本当に改善に向かうのか心配になるお母さんも多いようですが、実際にとても効果的。そして、**その効果をさらに強化していくのが、お母さんの適切な言葉かけです。**

思い切り楽しんで遊べるよう、「楽しいね！」「この次は、こんなことができるんだね！」「○○ちゃんには、難しい遊びじゃないね。きっと楽しくできるよ」と、言葉かけで背中を押してあげましょう。

そして、「わ～、すごい！」「そんなことまでできるの？」と、自信を持たせてやる気を引き出してみてください。

さらに、実際のお子さんの動きを見ながら、「首が上がっているね！」「手がしっかり開いているね！」「おへそよりも上におひざを上げられるね！」など、お子さんが頑張ってやろうとしていることを達成できるよう、具体的な言葉で意識づけをしていただきたいのです。

言葉かけの「NGワード」と「置き換えワード」

原始反射が残り、「個性」という言葉で片づけられないような生きづらさを子どもが抱えていたら、まずは親が、子どもに対して決めつけることのないようにしたいですね。

たとえばモロー反射が残っている子を、やる気がない、飽きっぽい、乱暴だ、人の気持ちがわからない、などと思わずに、そのキャラクターならではの良さがあることを忘れないでください。

うまくいけば、**リーダーシップがとれてまわりから愛される子になる**のです。

だからこそ、普段からの言葉かけが大切。

その子が残している反射によって、それぞれキャラクターに特徴がありますから、そのキャラクターに合わせた言葉かけが大事です。

子どもの行為に対して、その子の極端な性質を刺激してしまう「NGワード」と、うまく言い換えて落ち着かせる「置き換えワード」があるので、置き換えワードでキャラクターをうまく導いていきましょう。

ここでも、代表的なモロー反射と恐怖麻痺反射を例に挙げてご説明します。

モロー反射

シーン①

子どもがうがいをする時、勢いが強過ぎてまわりが水浸しになってしまった。

NGワード

こんなに水浸しにして！
もっと優しくお水を吐き出さなきゃダメでしょ！
どうしてできないの？

置き換えワード

うがいはね、「3」の力でペッと吐き出すんだよ。
上手！　今度ははみ出さないようにやってみよう。

解説

モロー反射が残っていると、常に力んでしまいがちで、力の加減がわかりません。わざと水浸しにしようとしているのではないため、「具体的な」力の加減を教えておくことが大切。

たとえばタオルを思い切り引っ張り合って、「これが10の力ね！」と数字で説明。そして、「力を緩めるよ。これが、3の力ね」と、力の強弱を具体的な数字で体感させておきます。

他に、紙風船をふくらます時に、勢いよく息を吹き込むと破れてしまうけれど、そっと吹き込めば破れない。それをくり返して、力の加減を体感させて理解させるといいですね。

そういう準備をしておいたうえで、**力の加減を子どもがイメージできる言葉かけ**をしましょう。

シーン②

病院や歯科医院で、治療をしなければならないのに「どうして？」「なんで？」「でも」「だって」と、ぐずぐず嫌がったり、大人を煙にまいてなんとか逃げようとしたりする。

NGワード

黙ってて！　文句言わないの。
あとちょっとだから頑張って！
それはね……。それでね……。（子どもの言葉に一つひとつ丁寧に答える）

置き換えワード

ここは治療をするところで、どんな治療をするのかは先生が決めます。
決めるのはママでも〇〇ちゃんでもありません。先生です。

解説

こうした子どもは、自分が一番エライと思っているようなところがあるので、今ここで主導権を持っているのは医師だということをハッキリ示す必要があります。

もちろん、プライドをへし折るような言い方はよくありませんが、毅然とした態度で応じましょう。そして、治療が終わったら「できたね！」と存分に認めてあげます。

とても賢く利発な子が多いので、あいまいな表現ではなかなか納得しないでしょう。ですから私は、医院側の立場で「あとちょっと」のようなあいまいな言葉は使わずに、「この音が鳴ったら治療をはじめます」「違う音が鳴ったら終わりです」と具体的に伝えるようにしています。

ご家庭でも、「ちょっと待って！」や「あとちょっと」はNGにしましょう。お子さんは「ちょっとってどのくらい？」とパニックになって、かえって「早く、早く！」と落ち着かなくなってしまいます。

小さな頃から「10分待って」「音が鳴るまで待って」などと、**いつまでかをはっきり決めてあげて待つ力を養うことが大切**です。

恐怖麻痺反射

シーン①

子どもが「今日は何するの？」「どこ行くの？」など、先のことを何度もしつこく聞いてくる。たとえ習慣になっていることでも、聞いてくる。

NGワード

さっき言ったでしょ！
この前と同じ！
先のことばかり聞かないで！　面倒くさい。
覚えてないの？

置き換えワード

今日はね、○○をしてから●●するね。
まず○○しようね。それから、●●するんだよ。
またいつでも聞いてね。

解説

怖い気持ちや不安があるから、聞きたくなってしまう。たとえ「いつもと同じ」だとしても、聞かずにはいられないのです。

ですから、そこを責めずにきちんと答えてあげることで、不安を軽減することができます。

シーン②

病院や歯科医院での治療中に、じっとしていることができずにきょろきょろしてしまう。

NGワード

動かないで!
じっとしてて!

置き換えワード

今からお水が出るからね。
ここにテープを貼るよ。
ありがとう、お話を聞いてくれて、じっと動かずにいられたね。

解説

この置き換えワードは、お母さんというよりも病院側からの声かけになります。恐怖麻痺反射が残っている子には、**「オートフィードバック」という言葉かけが有効です。これは、子どもと接する時に、自分の行動を声に出して伝えるもの。**

今からこういうことをしますよ、と実況中継をするようなイメージです。そういう説明があると、先のことが不安でたまらない子どもも安心することができます。

もちろんご家庭でも、たとえば服を着替えさせる時にいきなり脱がせてびっくりさせるのではなく、「お着替えしようね。まず、シャツのボタンをはずすよ」と、オートフィードバックの言葉かけを意識してみましょう。

原始反射が助けてくれる時

そもそも、原始反射は環境に適応して生きていくために、神さまがくれた贈り物でしたね。あきらかな特質は、極端なキャラクターを引き起こして社会生活に支障をきたすこともありますが、**自分の身に何か起きた時に出現して助けてくれるのも、また原始反射なのです。**

たとえば転びそうになった時に手がパッと出てくるとか、投げられたものをさっとつかむなど、そういう些細《ささい》だけれど突発的に起こることに対して、原始反射の力は発揮されます。

健やかな成長の中で自然に統合され、有事とあれば出現する。それが正しい原始反射のあり方です。

実は、私自身、モロー反射が強く残っています。唯我独尊で、いつも力みがちなモロー反射です！

歯科治療の現場にいて、手先をうまく動かせないという大変さは強烈に感じますが、一方で、負けず嫌いであるところが、これまで何度も私を助けてくれました。

そのおかげで、猛烈に勉強してたくさんの資格を取り、デンタルモンテッソーリ®の理論をみなさんにお伝えする活動も精力的に行えているのだと思います。

他にもたくさん、モロー反射を生かしているお仲間がいると想像しています。たとえば、体操やスキージャンプ、その他普通の人では怖くなってしまうような、思い切りが必要なスポーツで力を発揮できる人。

その思い切りの良さは持って生まれたものではありますが、もしかすると「モロー反射」が残っているからかもしれません。

誰がどんな原始反射を残しているのかは想像の域を出ませんが、**原始反射が残っていることはマイナス面ばかりではない**ということをぜひ知ってください。**原始反射の特質は、才能として使うこともできる**のです。

ただ、ごくあたりまえの日常生活の中では、難しさを感じる部分もあるでしょうから、うまく育てて導いてあげられるといいですね。

私は、そのサポートができたら嬉しいです。

「清香先生がいてくれるから悩み過ぎずにいられる」

東京都在住 30代

お友だちからすすめられた清香先生の講演会では、〝目から鱗〟の嵐！ 娘の発育を診ていただこうと、3ヵ月待ちでしたが診察の予約を入れました。「なるほど」と思える子どもへの声かけや具体的な育児の実践法など、歯医者さんでここまで教えていただけるとは！ 本当にありがたいと思っています。産前から育児本などで学んでいたつもりでしたが、実際に子育てがはじまると、どんどん成長していく娘にどう対応すればよいのか答えが出ずに悩むことばかり。それでもなんとか悩み過ぎずに育児ができているのは、清香先生に相談して解消できるおかげです。できたことは母子ともに具体的に褒めてくださるので、親の私の自信にもなっています。娘もいつも、「さやかせんせい、タノシカッタ！」と、先生とのコミュニケーションを楽しみにしています。

第3章

言葉かけ
年齢別のポイント

子どもへの言葉かけは、3歳までが勝負なの？

人の身体は、すべての器官や機能が同時に発達していくわけではありません。それぞれ、どの時期に成長するのかをわかりやすく示したグラフがあります。

それが「スキャモンの発達・発育曲線」。成長因子を4つの型に分け、20歳時点での成長度合いを100％とした場合に、それぞれの年代でどの程度成長しているかを数値化し、グラフにしたものです。

これを見ると、まず「リンパ系型」が4歳頃から一気に伸びを見せていることがわかります。

リンパ系型は、免疫を司《つかさど》る大切な機能。この機能に十分な栄養、睡眠、運動といった日常生活から得るものが加わり、免疫を獲得して身体づくりのための基盤ができるのです。

ですから、リンパ系型の機能が爆発的な成長を見せる前の段階、つまり3歳くらいまでに、生活面で免疫獲得のサポートができるようにしておきたいものです。そこで、生活面で大切になってくるのが、親の「言葉かけ」になります。

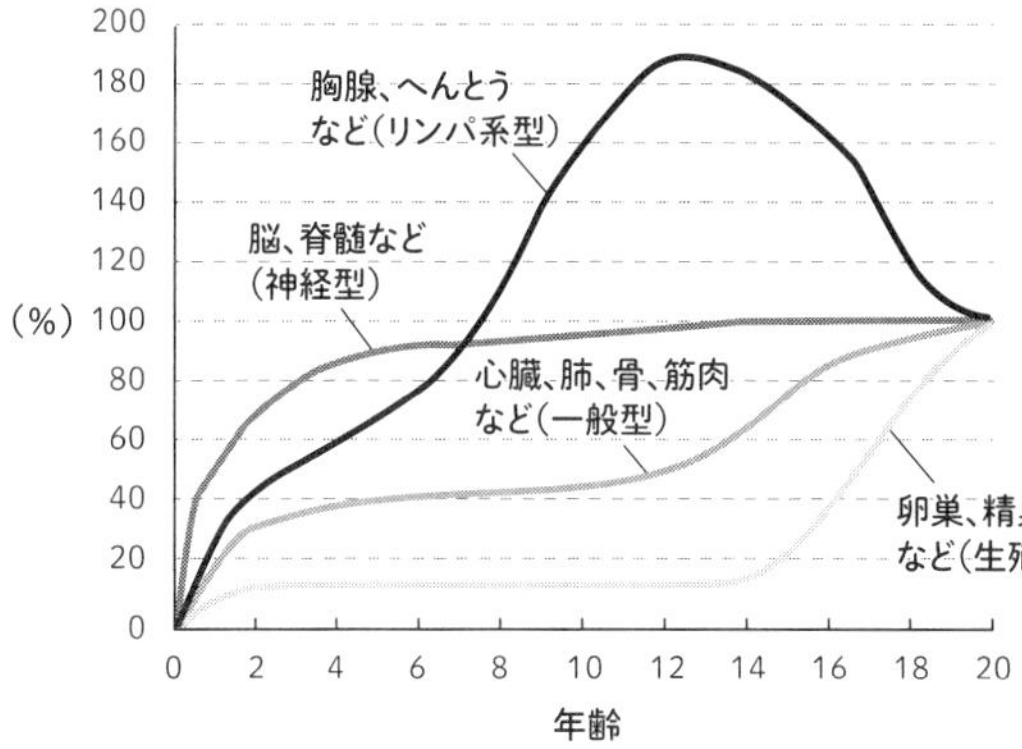

スキャモンの発達・発育曲線

もう一つ、注目していただきたいのが「神経型」です。3歳頃までにおよそ80%の成長度合いに発達します。神経型には、脳・脊髄・感覚器が分類されています。

つまり、**人間の脳は3歳までにおおよそ完成する**のです。

脳は3層構造になっており、一番内側には生命維持活動をする「脳幹」があり、その外側には感情・本能を司る「大脳辺縁系」、そして一番外側に知性・理性を司り、人間を人間たらしめている「大脳新皮質」があります。

大脳新皮質は、大人になってからも成長します。しかし、大脳辺縁系は3歳で臨界期(神経回路の処理効率が高まり、それ以降は成長が望めない時期)を迎えます。そして、この部分が感情を司っているだけに、人格形成のためにはとても大切なのです。

たとえば、「桜についてお話しして」と言われた時に、大脳辺縁系が育っているお子さんは、情感豊かに話すことができます。

「お花見で桜を見たの。花びらがパラパラ雨のように散ってきたよ。とっても寒かったけどすごくきれいだった。ピンク色にも、白っぽくも見えた。お父さんとお母さんとお弁当を食べてとっても楽しかったし、まわりにもたくさん人がいて、とっても楽しそうだった。また行きたいな」

こんなふうに話すことができます。一方、大脳辺縁系が育っていないお子さんは、「4月に咲くお花で、ソメイヨシノが有名です」というように、知識としてしか伝えることができません。

この**大脳辺縁系とコンビを組んで、情緒の安定したキレない人格を形成するために重要な役割を果たすのが、「眼窩《がんか》前頭皮質」です。**

眼窩前頭皮質は、知性・理性の大脳新皮質と感情・本能の大脳辺縁系との間を連結する中継点になっています。そして、大脳辺縁系で生じる怒りや嫉妬などの大きな感情の揺れを、大脳新皮質に送る前に抑制してコントロールする、重要な役割を果たしているのです。
ですから、眼窩前頭皮質が未発達だと、人間性の面でさまざまな課題が生じてきます。
自分を抑えられない。我慢できずにキレやすい。自己中心的で、他人に共感しない。まさに今、問題になっている「すぐにキレる子ども」は、眼窩前頭皮質の未発達によるものであると考えられるのです。

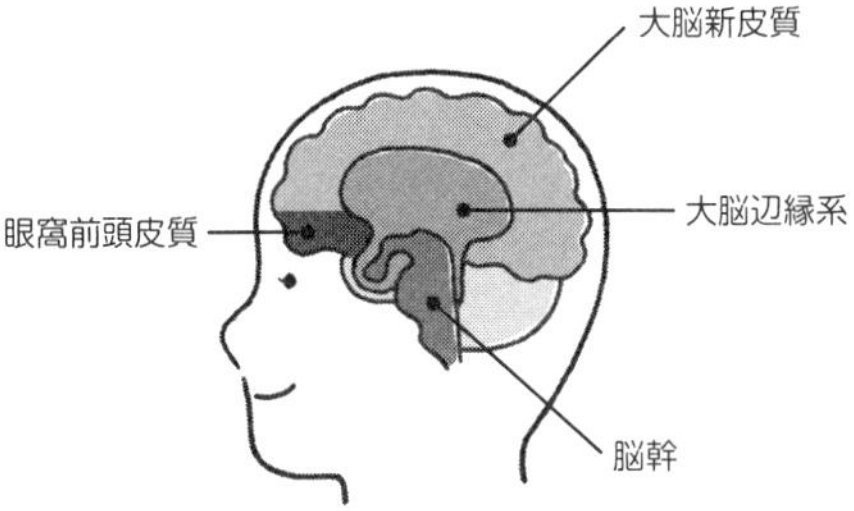

眼窩前頭皮質も、臨界期は3歳です。**3歳までに眼窩前頭皮質と大脳辺縁系との間に、できるだけ多くのシナプス（神経結合）をつくり上げることが、子どもの人格形成にいかに大切かがわかります。**

このような理由で、私は「3歳までの言葉かけ」が特に重要だと考えています。**身体と脳の健やかな発達のためには、3歳までが勝負！**

とはいえ、3歳までの言葉かけの大切さを知らずに過ごしたからといって、取り返しがつかないわけではないので、そこは神経質にならないようにしてください。

我慢を教えるのが親の役目

大脳辺縁系と眼窩前頭皮質の重要性が理解できたところで、では「親はどうすればいいの?」と思いますよね。

簡単に言えば、「お子さんに我慢を教えましょう」ということです。

たとえば、生後6カ月～1歳くらいの時期、感情・本能を司る大脳辺縁系が成長してくると、動物の急所と言われている首や口を触られることを、本能的にとても嫌がることがあります。

そんな時、無理強いはしたくないと思って、歯磨きをさせずにいてはいけないのです。大脳辺縁系が育たないから!

大脳辺縁系にとって「触られると一番イヤな部分」を触ることで、我慢を覚え「我慢してできた!」という達成感を味わわせたいです。そうすると、眼窩前頭皮質が役割をしっかり果たし、大脳辺縁系は活性化します。

上野歯科医院に来て、「急に歯ブラシを嫌がるようになったんです……」と戸惑うお母さんには、「大脳辺縁系が成長してきているからですよ！」とお伝えします。すると、納得して喜んでくれます。

たとえ今泣いていたとしても、我慢して達成できたら「よく我慢したね」と褒めてあげる。そうすると、子どもたちの脳内のシナプスなどが発達してどんどん花開いていきます。

はじめは3秒でも構いません。**どんなに短い時間でもいいから我慢をさせて、達成を褒める。それをくり返しながら、少しずつ時間を長くしていけばいい**のです。

こんなふうに、いろいろな場面で我慢を教え、達成したら褒めて育てていきましょう。

それを踏まえたうえで、年齢別の子どもの特徴に沿って、言葉かけする際のポイントや注意点をお伝えしていきます。

基本的に大切なのは3歳までの言葉かけですが、参考までに3歳以降の言葉かけについても考えていきます。3歳まで頑張れば、あとはどうでもいいわけではありません。子どもがどんどん成長していく中で、**時期に応じて適切な言葉かけをすることが、子どもの心身を健やかに育みます。**

年齢別の言葉かけポイント

0歳〜1歳

特徴　完全な動物状態

ポイント

五感を刺激するような言葉かけ

この時期は、お母さんからの一方的な言葉かけがメインになります。

まだ人間としての知性や理性はない「動物」のような状態なので、五感を刺激するような言葉かけがとても大切です。それが、人間らしさを育てます。

例
「風が入ってきて、サワサワして気持ちがいいね」
「お日様がポカポカして暖かいね」
「光がキラキラしてきれいだね」
「ポロポロ音が鳴っているね」
（手や腕を触って）「スベスベしているね」

一方的な声かけであっても、赤ちゃんはきちんと受け取って、コミュニケーションをとろうとしてくれます。

そのしるしが「クーンイング（cooing＝鳩の鳴き声）」と言われる喉を鳴らすような音。喃語《なんご》の前の段階、つまり早ければ生後1カ月、多くは生後2～3カ月で出てくる、舌やくちびるを使わない発声です。

クーイングは欧米で「プレジャー（pleasure＝喜び）サイン」と呼ばれ、赤ちゃんがリラックスして楽しい気持ちの時に出す音だと考えられています。

クーイングの時期や頻度には個人差がありますが、赤ちゃんとのコミュニケーションだと思って楽しんでください。

いつもよりもワントーン高い声でにっこり笑って話しかけると、赤ちゃんはご機嫌になってたくさんのプレジャーサインを送ってくれるかもしれません。

気をつけポイント　**真顔はNG!**

顔の表情も大事。真顔はやめましょう!

自分の一番身近なお母さんが真顔になると、赤ちゃんはまず泣きます。次に、お母さんを笑わせようとして笑うのです。それでもお母さんが真顔だと、赤ちゃんは表情がなくなっていきます。

大人が思うよりずっと、赤ちゃんの大脳辺縁系は急速に成長していて、さまざまな感情を小さな身体に抱えています。

言葉と表情をリンクさせて、五感を十分に刺激しましょう。

1歳〜2歳

特徴 人間らしい活動が増え、母親と他人を識別できるようになり、人見知りが出てくる時期

ポイント

成功体験につながる褒め言葉の言葉かけ

積み木を重ねるような、手を使ったお遊びができるようになってくるので、褒めてあげられることはたくさんあります。

お子さんが集中して何かをやっている時には声をかけないようにして見守り、できたら少しオーバーに褒める。

この時期は、大げさに褒めても構いません。

例
「わ〜、よくできたね！」
「すごい、こんなことができるんだね！」
「とっても上手だから、もう1回やってみる？」

成功体験につながる言葉かけをすることで、チャレンジする力がついて達成感を知ることができます。達成したら喜んでもらえる経験にもなります。

それは、嬉しい、楽しいといった「快」の感情となり、感情を司る大脳辺縁系をたくさん刺激することになるのです。

もしチャレンジや達成に対してお母さんが無反応なら、「できた！」という喜びの感情は湧きにくく、大脳辺縁系も刺激されません。

気をつけポイント　**「うちの子、できません」はNG！**

そろそろ、人見知りが出てくる時期。

そこで、「ごめんなさい、うちの子、人見知りで」と言うと、まわりの人がお子さんと接しづらくなってしまいます。

他人との接触やコミュニケーションの機会がないと、お母さんとの一対一の関係がずっと続いて、他人との触れ合いが遮断されてしまうので注意しましょう。

子どもが人見知りをしていると、せっかく外で人と触れ合い何かをするチャンスがあっても、「人見知りだからできません」と、お母さんが先回りしてしまいがち。それはとてももったいないことです。

人見知りは、悪いことではありません。お母さんのように「自分を大切にしてくれる人」とそれ以外の人を識別できるようになった、成長の証《あかし》でもあります。

喜ばしい時期だと捉えて、「人見知りですが、大丈夫です！」と、まわりの人にコミュニケーションをとってもいいのだという発信をしてください。

他人との触れ合いを妨げることなく、チャレンジして達成する機会を奪わないようにすることが大切です。

2歳〜3歳

特徴 自分でやりたい、ひとり遊びをしたい時期

ポイント

発想を広げる言葉かけ

1〜2歳で「できたら褒める！」を心がけてきたら、次は、できた後に次のチャレンジを促す言葉かけをしたいものです。

たとえば積み木なら、「うまくできたね！　じゃあ、これはどうやったら積めるかな？」と、他の形の積み木を手渡してみる。

すると、子どもなりに「次はどうやってみようかな？」と発想を広げるようになっていきます。

例
「これを合わせたらどうなるかな？」

「こんなのもあるけど、使ってみる？」

（枯れ葉を集めていて）「クシャって握ってみたら？」

「じゃあ、次は？」

「じゃあ、これは？」

気をつけポイント 「こっちがいいんじゃない？」はＮＧ！

せっかく子ども本人が発想を広げようとしている時に、お母さんの意見を言わないようにしましょう。

「お母さんはこっちがいいと思う」

「こうすればいいんじゃない？」

たとえば上野歯科医院では、きちんと治療ができたら子どもに消しゴムをあげるのですが、必ず自分で選ばせるようにしています。

でも、こちらが気をつけていないと「これはこの前もらったから、こっちにしたら？」

とか「○○ちゃんはこれが好きでしょ」と、つい自分の主観を披露してしまうお母さんが多いのです。

子どもが選ぼうとしたものを否定すると、「自分が選んだものは間違っていたんだ」と感じるようになってしまいます。それは、自己肯定感の低さにつながるので、避けたいもの。

親が決めるべき大切なことが諸々あるのは確かですが、消しゴムを選ぶような些細なことで、子どもの自己肯定感をくじかないようにしてください。

3歳～

特徴 自分を律することができるようになり、自立する時期

ポイント

自分で考える力を養う言葉かけ

自分を律することができる時期ですが、個人差があります。

語彙が増えてきて、おしゃべりしたい気持ちはあるのに、うまく言葉にならないと混乱して、ますます言葉がまとまらない。そして感情的になる……。

なかなか自分の感情をコントロールできなくて、人泣きしてしまうかもしれません。

そんな時は、褒めてもダメ、なだめてもダメ、叱るともっとダメ！

泣いている間は、どんな言葉かけも刺激にしかならないので、背中をさするなど落ち着かせてから、ぜひお母さんがお子さんの感情の代弁者になってください。

例　「○○って言いたかったんだね」
「××したかったんだよね」
「本当は△△だと思ったんだね」

子どもは、泣きながらでも親の代弁が正しければうなずきます。

でも、的外れなことを言われたら、固まってしまって無言の否定を伝えてきます。

子どもの反応をよく見てあげて、違うとわかった時には「じゃあ、どういう気持ちかな?」「ママはどうしたらいいかな?」など、本音を引き出すように質問するといいですね。

落ち着いてくれれば、その時の自分の気持ちを「○○がしたかった」のように、ちゃんとお話しできることが多いもの。

そうしたら、無条件に同意する必要はありませんが、お母さんもおうむ返しで言葉を返しながら、**気持ちを受け止めて、認めてあげてほしい**のです。

気をつけポイント

叱るのはNG！

子どもが混乱している時に、「泣いちゃダメ！」「いったい何なの？」「〇〇しなさい！」と叱らないことです。

子どもが混乱していることで、お母さんもイライラしたり投げ出したくなったりすることもありますが、そこは**落ち着いて、子どもの気持ちを汲み取ってみましょう。**

言葉かけで普段から意識したいこと

3歳までの言葉かけはとても大切ですが、コミュニケーションは大人になっても大切なもの。

年齢を問わず、**温かく愛情にあふれた言葉かけに接してきた人は、人と関わるうえで大切な財産を手に入れているようなもの**だと思います。

そこで、普段からの言葉かけで子どもにそんな財産を贈れるように、少し意識してみませんか？

まずは、あいさつ。

「おはよう。行ってらっしゃい。おかえり。ただいま。いただきます。ごちそうさまでした。おやすみなさい」

こうしたあいさつは、普段から使う言葉なので、徹底的に習慣化しましょう。

そして、自分が間違っていたり悪かったと思ったら、大人もちゃんと子どもを見て「ごめんなさい」と伝えること。

大人でも、間違えば「ごめんなさい」と謝るということを見せれば、間違いを認める抵抗感が減ります。間違ったプライドや頑固さから謝れない大人もいますが、親が謝る姿を見てきた子どもは素直です。

同じように、何かしてもらったりありがたいと感じることがあったら、子どもに対しても「ありがとう」をきちんと言いましょう。**人に感謝される喜びを知ることも、人格形成においてとても大切**です。

3歳くらいから、お手伝いをしてくれるようになります。もちろん、なかなかきちんとはできません。

お母さんが自分でやる完成度に比べたら、ぐちゃぐちゃかもしれません。でも、それを「そうじゃないでしょ」「もっとこうやって」と指示しないようにしていただきたいのです。どんなお手伝いでも、お手伝いをしてくれたことに「ありがとう」を素直に伝えてあげる。それが、子どもに自己有用感（28ページ参照）を植えつけることになります。

不出来な部分は、子どもの見ていないところで、いくらでも直せます。でも、感謝を伝えるタイミングを逃すのは、とてももったいないことだと思います。後から伝えてもいいのですが、小さい子どもに理解してもらうには、その場で言うことが大切なのです。

このように、生活の基盤をつくったり、社会性を養ったりするような言葉かけを意識してみてはいかがでしょうか。

その中で、大人である**親が、言葉と矛盾のない態度でいることも大事**です。子どもは親の姿をよく見ていますから！

とはいえ、間違えたら謝ればいいのですから、あまり**力まず自然体で、いつも子どもへの愛情を表現すること。それが子どものためになる言葉かけにつながっていきます。**

「ダメ」はできるだけ使わない

子どもを注意する時に「ダメ！」と禁止用語で伝えてしまうことはありませんか？

公共の場で騒いだり危険がある時など、ビシッと「ダメ！」を使わないといけないケースもあります。ただ、そうでなければ、もう少し丁寧に伝えることを考えてみましょう。

まず、何がダメなのかが子どもに理解できるようにしましょう。そこで意識したいのが、否定形を使わないこと。

第1章でも触れたのですが、**人の脳は否定形の言葉を認識しにくい**そうです。

「ここで大きな声を出さないの！」ではなく、「ここでは静かにしようね」。

「危ないから走らない！」ではなく、「危ないから、走らず歩こうね」。

というように、どうすればいいのかを伝えることが大切です。

あいまいな言い方も、なるべく避けたいもの。

「ちょっと待って」ではなく、「あと5分待って」とか、「お料理が終わるまで待ってて」など。

とにかく、**子どもには何ごとも具体的に、わかりやすくお話しするといい**と思います。

コラム2 子育てに積極的ではないパパのための処方箋

夫が子育てに積極的じゃない……。そんな悩みを抱えているママに朗報です！　実は、「パパのおっぱい」を子どもに吸わせれば、問題解決するのです！

「幸せホルモン」「愛情ホルモン」と呼ばれるオキシトシン。妊娠・出産時にこれが大量に分泌されることで、ママは子どもに愛情を持ち、母性を育てていくのですが、なんと、パパが自分のおっぱいを子どもに吸わせることでも分泌されることがわかっています。

ですから、非協力的なパパに対しては、「手伝って！」と怒るより、「ミルクを用意する間におっぱい吸わせておいて！」と軽いノリでお願いしてみましょう。

信じられないことに、これが効果絶大なのです。オキシトシンが分泌されて、パパは知らず知らずのうちに我が子を心から愛おしく思うようになり、結果、子育てに積極的になっていくわけです。

とはいえ、すんなりおっぱいを吸わせるパパは少ないですよね。抵抗されたら、歯医者さんからのアドバイスとして、次のように伝えてみてください。

「口の機能を育てるために、男親のおっぱいを吸わせるといいんだって」
「出ないおっぱいを吸わせたほうが、吸う力がついて口を育てるから、パパの協力が必要なんだって！」

第三者からのアドバイスには、パパも耳を傾けやすいはず。

それでもダメなら、スキンシップがおすすめです。**オキシトシンは、スキンシップでもたくさん分泌されることがわかっています。**

ちょっと手が離せないからと抱っこをお願いしたり、育児分担で強制的にお風呂だけは入れてもらったり、なんとかスキンシップを増やす工夫をして、パパのオキシトシンの大量分泌を狙いましょう！

「苦手な外遊びも克服できた！上野歯科医院は大切な場所」

東京都在住　30代

2歳の娘の偏食に悩んで清香先生にご相談すると、「触覚」という概念と、対処法のアドバイスをくださいました。先生おすすめの対処法は、外遊びなど私が苦手で避けてきたものばかり。内心ギクリとしましたが、触覚を刺激するために、思い切って母子ともに泥んこ広場に通うことに。自然の中で土や葉っぱにまみれて遊ぶことに、娘は最初はとまどっていましたが、次第に慣れていきました。そして2週間経った頃、娘は、それまで絶対口にしなかった炒め物や野菜を食べるようになったのです！　ひどく驚くと同時に、外遊びを避けてきたことを深く反省しました。自分が我が子の発達の芽を摘んでいたのだと痛感し、それ以降は積極的に外遊びに出ることが増えました。上野歯科医院は子育てに欠かすことができない大切な場所で、感謝してもし切れません。

第4章

言葉かけ いろいろな ケーススタディ

シチュエーション別言葉かけのポイント

ケース1　お買い物で子どもが「これが欲しい！」と泣いてしまう

まず、お買い物に行く時は、子どもを空腹にさせておかないようにしましょう。お腹が空いていたら、小さな子がお菓子を見て「食べたい！」「欲しい！」と思うのは、無理もないことです。

それから、**先にお買い物の目的を伝えておくことも大切**です。

「ご飯の支度に必要なものを買いに行きます」
「今日は、おもちゃやお菓子を買う予定はありません。泣いても、ママは買いません！」
「今日は、お菓子を一つだけなら買います」

ただ、いくら子どもに伝えておいても、どうしてもお買い物の場で欲しいものを見つけて、「欲しい！」と泣くこともあるでしょう。

泣いている時には、怒ってもなだめてもムダです。子どもにとっては、怒られるのもなだめられるのも、同じように刺激でしかありません。ますますパニックになるだけなので、親はひたすら無言を貫くようにしましょう。

そして、少し落ち着いた頃を見計らって声をかけてみてください。

「ママはここにいるからね。泣いているのは、買ってほしいからだってわかるよ。でもね、お約束だから買わないからね」

子どもの気持ちを理解はするけれど、約束したのだからわがままを許すわけにはいかない。そういう毅然とした態度で接していただきたいのです。

ケース2　病院での診察・検査などを怖がる

ここで一番気をつけていただきたいことは、**常日頃から「病院は怖いところ」というイメージを、決してお子さんに植えつけないこと**です。

たとえば、子どもがなかなか言うことを聞かない時や、勝手な行動をやめさせたい時に、「そんなに言うこと聞かないなら、病院でお注射してもらうからね！」「そんなことをしてケガをしたら、病院でイタイイタイされちゃうからね！」と、病院を抑止力や脅しに利用することはありませんか？

実際、病院では痛かったり苦しい思いをするのは事実です。それを持ち出して、病院に対する恐怖心をあおるのはやめてください。

子どもに「病院は怖い」という意識が擦り込まれていると、パニックになって治療ができなくなる場合もあります。そうすると、押さえつけるなどもっとつらい治療をすることになってしまい、結果的には子どもがより苦しむことになるのです。

他にありがちなのは、病院に行く前に「病院に行くけれど、痛くないからね！　怖くないよ！」と、余計なことを言ってしまうこと。

お母さんとしては、励ましているつもりかもしれません。でも、こういう声かけは、むしろ「痛い、怖い」を連想させるのです。

「何もイヤなことはしないから、大丈夫！」もＮＧです。ウソでごまかすと、子どもはだまされたような感覚になってしまいます。

私は上野歯科医院でたくさんの子どもたちと接していて、「歯医者さんには白衣を着ている人がいて、機械の音がするし、独特なにおいもある」という認識がとても大切だと思っています。

事実は事実として、フラットな感情で認める。お母さんには、そこに子どもを導いていただきたいのです。

そのうえで、病院のプラス面を伝えることが大切です。

「病院に行くと、元気になれるからね」
「△△医院に行くと、〇〇ちゃんが元気になれるから、ママは△△病院に行くのが楽しみなの！」
「先生が、〇〇ちゃんの病気を治してくれるんだよ」

このような声かけで、病院に行けばプラスの効果があるというイメージを子どもが持てれば、子どもなりに納得して診察を受けてくれます。

しかし、いざ病院で先生の前に座ると、緊張と恐怖で固まってしまうことだってあります。

そんな場合は、ただ、「ママがそばにいるからね！」とにっこり笑って、終わったら「よく頑張ったね！　ママは本当に嬉しいよ」「すごいね、ちゃんと先生の言うことを聞けて、頑張れたね！」と認めて褒めてあげれば落ち着きます。

子どもは、病院の先生ではなくお母さんの顔を見るものです。ですから**笑顔で安心させることは大切だし、「頑張って！」ではなく「頑張っているね」とすでに頑張っている事実を認めてあげてほしい**のです。

ケース3 お片づけをさせる

そもそも、「お片づけ」という言葉を使わないことです。「お片づけ」だと思うと、やりたくなくなってしまうもの。大人でも、「片づけなきゃ」と思うと、憂鬱になりませんか？


「おもちゃをおうちに帰してあげようね」

「元の場所に戻すゲーム、ママとやってみよう！」


このように、**ワクワクするような言葉かけをしてみてください。**

そして、実際にゲームのようにお片づけを楽しめる工夫をしましょう。

たとえば、おもちゃに色のついたシールを貼ります。そして、そのおもちゃをしまう場所にも同じ色のシールを貼ります。

つまり、しまう場所とおもちゃ、それぞれに同じ色のシールを貼っておいて、「よーいドン！」で、しまう場所を探し、ママとお子さんのどちらが先にしまえるかを競争します。

お母さんは、手加減してくださいね。

片づけて、達成する。この過程が大切なのです。

おもちゃを決まった場所にしまえた。そうしたらお部屋がキレイになって、気持ちがいい！　お片づけは楽しいし、いいことなんだ！

子どもの頭の中で、こんな思考が生まれるようにしたいものです。

実際、子どもにお片づけをさせるのは、結構、面倒くさいものですよね。お母さんが片づけてしまったほうが、正直に言うと手っ取り早い。

でも、お母さんが片づけると、「お片づけはお母さんがやるもの」と子どもの意識に擦り込まれ、それがあたりまえになってしまいます。ですから、少々手間がかかったとしても、やはり子ども自身にやらせてみてください。

お片づけだけでなく、たとえばお洗濯ものをたたむ時に、同じ柄の靴下を合わせて一組にするとか、ゲーム感覚でどんどんお手伝いしてもらうといいですよ。

楽しんでお手伝いができると、自分自身のことが自然とできるようになるので、自立を促すことにもなります。

ゲーム感覚でお片づけも楽しく！

ただし、気をつけたいことが一つ。

子どもがお手伝いをしてくれる過程で、間違えること、できないこともあるでしょう。たとえば、ゲーム感覚のシールの色合わせなどで、違う色のシールを貼ってある場所に、おもちゃを入れてしまうとか。

その時に、「あ～、間違えちゃったね」「それは、違うの」と余計なひと言を聞かせないようにしていただきたいのです。

子どもなのだから、間違いはあるでしょうし、それをわざわざ指摘しなくても、いずれ自分で気づける時が来ます。

お母さんはただ、**お手伝いができたことを喜んで、違っている部分はそっと直しておきましょうね。**

ケース4 おもちゃの貸し借りでのトラブル

一緒に遊んでいる友だちから、おもちゃを「貸ーしーて！」と言われても、「はい、どうぞ！」と子どもが言えなかった時、お母さんは「どうして貸せないの？　お友だちには貸してあげなきゃ！」と言って、叱ることはありませんか？

また、叱らないにしても、相手のお子さんのお母さんの顔色が気になってしまう、自分の子が意地悪だと思われたらイヤだな、など、心の中がモヤモヤしてどうすればいいのかわからない。そんな話をよく聞きます。

児童館などの公共のおもちゃで遊んでいる時は、「順番ね」ということで、ある程度遊んだら他の子に譲る必要はあると思うのですが、自分のおもちゃの場合なら、別に貸さなくてもいいのではないでしょうか。

「貸してと言われたら、貸さなければならない。そういういい子に育てなくちゃ！」という思い込みが、お母さん側にあるだけ。自分のものであれば、本来、自分の自由にできるわけですよね。

貸すことも、断ることも子どもにとっては大切な学び。
親は優しく見守りたいもの。

貸してあげられれば平和に収まるけれど、貸したくないのなら「イーヤーよ！」と断っていいのです。**むしろ、「イヤ」をはっきり言える子であってほしい**のです。**子どもが「イヤ」と言えたら、お母さんはその気持ちを尊重してください。**「貸してあげられなかったね」「どうして仲良くできないの？」などと責めるニュアンスの言葉かけをすると、お子さんは落ち込んでしまいます。

お母さんとしては「いい子であれ」という気持ちがあるからかもしれませんが、かえって癇癪《かんしゃく》を起こしたりふてくされてしまうこともあるので、逆効果ではないでしょうか。

一方、貸してもらえなかったほうの子ども

はどうでしょうか。

思い通りにならないと、怒ったり泣いたりすることはあります。でも、自分のものでなければ、**貸してもらえないこともあるのだと学ぶチャンス**です。

お母さんは、「人のものなのだから、泣いてもわめいても仕方がないの！」としっかり言い聞かせることが大切です。

ただ、「あれで遊びたかったんだね」と共感と代弁をしながら、背中をさするなど、なだめてあげることも忘れずに。

ケース5 兄弟げんか

兄弟でけんかをすると、親はだいたい小さい子に寄り添ってしまいます。そして、「お兄ちゃんなんだから」「お姉ちゃんなんだから」とつい口にしてしまいますよね。それは良くないことだと自覚しているお母さんも多いのですが、どうしても上の子のほうが口は達者だし、力も強いので、小さい子をかばう気持ちになるのでしょう。兄弟げんかの対応には悩みも多いと思いますが、もし、上の子が下の子に対して手を出してしまうようなことがあれば、それはいけないということをきちんと伝える必要はあります。

「どんな理由があっても、暴力は絶対にダメなのよ」

毅然と禁止してください。ただ、そこで終わらせずに「じゃあどうする？」と展開してあげることを心がけていただきたいのです。

できれば2人を引き離して、上の子と一対一で向き合ってみましょう。

兄弟げんかの場合は、上の子に語りかけることが大切。下の子は、まだ何もわからない年齢である場合も多いですし、もし意思の疎通ができたとしても、やはり上の子のほうがコミュニケーションのスキルは高いはずです。

どうしてけんかをしているのか、様子を見るなり、落ち着かせて聞いてみるなりして、**上の子の気持ちにも寄り添う姿勢を見せるといい**ですね。

「(弟・妹は) まだ小さいから、よくわからなくて、○○ちゃんの大切なおもちゃに触っちゃうんだよね。触られたらどんな気持ちだったの？」

「イヤだ！」(上の子)

「そうよね。じゃあ、イヤだったらどうすればいいと思う？」

このように、**上の子の感情を認めながら、自分で答えを導き出せるような問いかけ**をしてみましょう。

そして、後から改めて抱っこでもしながら、上の子のケアに努めていただきたいのです。

「せっかく積み木を積んだのに、壊されちゃってイヤだったよね」
「何もわからないのは仕方ないけど、邪魔をされたらイヤだもんね」
「自分ばかり注意されるような気がして、悔しいんだよね」

お母さんを独り占めできるこんな時間を持てたら、上の子も落ち着きと安心を取り戻せます。

お風呂に一緒に入る時や寝る前のひと時など、静かで邪魔の入らない環境をできるだけ整えて、2人でじっくりお話ししてみてくださいね。

言葉かけの土台となる大切な考え方

子育て中に、よくあると思われる具体的なケースについてお話ししてきました。上記5つのシチュエーション別での言葉かけを考える中で、「言葉かけの土台となる大切な考え方がいくつかある」ということに改めて気づきました。

シチュエーション別の言葉かけとあわせて、みなさんにも心に留めておいていただきたいと思います。

枠を決める

何ごとも枠を決め、その範囲内で済ませることを、子どもが小さいうちから教えたいものです。

たとえば、お買い物の場合なら、具体的に「このお菓子なら買ってもいい」「おもちゃを一つだけ買うけれど、どのおもちゃを買うかはママが決める」というように。

子どもの自由も尊重しなければなりませんが、「自由」と「自分勝手」は違いますよね。枠さえ決めておけば、その中で自由にさせることはできます。

お買い物以外でも、「公園で遊ぶのは30分」「テレビを見てもいいのは6時まで」というように、具体的に枠を示していただきたいのです。

それから、人のおもちゃを貸してもらいたくても、貸してもらえないこともある。そういう認識も、一種の枠ですよね。しっかり伝えてあげてください。

子どもは「まだ!」「もっともっと!」「あれが欲しい!」と駄々をこねることがよくあります。でも、最初に枠を決めて約束をしておけば、親も毅然とした態度で「ダメなものはダメ!」と言うことができますね。

時間の枠の場合には、その時間になったらすぐに次の行動に移るのは難しいので、10分前くらいにアラームをかけたり「あと10分よ」と声かけをするなどして、終わりに向けて心づもりをさせておきたいものです。

教育達成目標を必ず3つ決めておく

上野歯科医院に来る子どもたちは、最初は不安げな顔をしていることが多いです。でも、いろいろな声かけをしたり、ご両親にアドバイスをしていくと、歯医者さんは怖いところではないとわかってくれます。

ご両親へのアドバイスの中で、私がいつもお願いしているのは、**「必ず3つの教育達成目標を決めておいてください」**ということ。

たとえば、「いただきます」を言えるようにするとか、帰ってきたら手を洗う習慣づけをするなど、何でも結構です。月齢や年齢を考慮しながら、その目標を期間を決めて達成できるように、親子で頑張ってみてください。

達成できたら、また少しグレードを上げて、目標設定をする。そのくり返しです。

しっかり目標を3つ決めているはずなのに、お父さんが「まあ、無理させなくてもいいじゃない」と言ったり、お母さんが「こちらも大変だし、子どももかわいそうだから、まあいいかな」と途中であきらめたりすると、せっかくそれまで頑張ってきたことがムダになってしまいます。

ご両親でしっかりと話し合い、目標は必ず達成するというコンセンサスを得ておいていただきたいのです。

質問する力をつける

病院を怖がることの多い子どもたちも、上野歯科医院は楽しいところだと思って通って来てくれています。

でも、病院の中には子どもに特別な配慮ができないところもあるし、診療科によっても雰囲気は違い、上野歯科医院のようにフレンドリーな病院ばかりではありません。

ある時、他の病院で診察をしてもらった経験をお話ししてくれた子がいました。「その病院ではね、先生も看護師さんも、何もお話ししてくれなかった。説明もしてくれなかったよ。どうしてなの？」。

そこで私は、質問をしてみるようにアドバイスしました。

「どうしてかな。じゃあ今度は、○○ちゃんのほうから先生に、次は何をするか教えてほしいなって、先に聞いておくといいよ。次のことがわかると安心できるから、先生も看護師さんも、教えてくださいって」

子どもが自分から質問をすること、つまり大人に対して発信をすることは、とても大切だと思っています。

大人のほうから察してあげることも必要ですが、すべて察するのはムリですよね。そんな時に、子どものほうから質問してくれると、とてもいいコミュニケーションがとれます。後日、その子に「質問できた？」と聞いてみたら、「できた！」と嬉しそうに教えてくれました。

質問して、お互いの気持ちがわかるのはいいこと。お母さんたちも、子どもと向き合う中で、それを教えてあげてください。

子どものプライドに配慮する

赤ちゃんからだんだん成長していくにつれて、外で他の子どもたちと接する機会も増えていくことと思います。同時に、子どもにも自我が芽生えてきますよね。

小さな子でも、自我と同時にプライドが出てくるものです。ですから、他の子どもやお母さんたちがいる前で、責めたりおとしめたりするような言葉はNGです。

たとえば、「それ、違うよ！」と指摘したり、「だから言ったじゃない」のように突き放した言葉かけをすると、子どもだって傷つきます。恥をかきます。

親は、子どもに恥をかかせないように配慮してあげることが大事なのです。だからといって間違いを見過ごすのではなくて、「○○ちゃんが間違えている時は、お母さんが肩をぽんぽんたたくからね」というように、みんなにわかる言葉ではなく、自分たちだけのサインを決めておくといいでしょう。

おもらしやおならなども、恥ずかしいと感じる幼児がいます。大人が「うわぁ、ほら、おしっこもらしちゃったじゃない！」などと言ったら、ものすごく傷つく2歳児もいます。おならも、お母さんはかわいいと思っているのかもしれませんが、「○○ちゃん、プーした！」とみんなの前で気軽に言ってしまうと、子どもの自尊心を損なうことになるかもしれません。

子どもの様子をよく見ずに、大人の感覚で「かわいい」「おもしろい」と思って、明るく話してしまう。でも、実はお母さんと子どものテンションのギャップがすごく大きい！

そんな場面を見ることが少なくありません。

ぜひ、お子さんの表情をしっかりと見てあげてください。今、子どもはどんな気持ちなのか、どんな状態なのか。

顔を見れば、おのずとどういう反応をするべきかはわかるはずです。

「暴力はいけない」と伝えるために

子ども同士のけんかでは、見守ることが大切とはいえ、手が出てしまう場合には相手のお子さんやお母さんに配慮する必要があります。

たとえば、相手の子をたたいておもちゃを取り上げたという場合。まずは、お母さんが相手のお母さんに対して「ごめんなさい」を伝える気遣いを見せていただきたいです。

これを許しておくと、「たたけばものが手に入る」という間違った成功体験が子どもにインプットされてしまうので、絶対に暴力はいけないことを教えなくてはなりません。

暴力はいけない。これを、ご両親が伝え切れていないことがあります。

たとえば子どもにパンチされたり噛みつかれたりした時、どうしますか?「イタタタタ〜」と言いながら笑顔でいることはありませんか?
しょせんは子どもの力だから、大して痛くもない。なんだか、かわいいな。そんな感情で、つい笑ってしまうのかもしれませんが、ぜひ痛がっている様子をお子さんに見せていただきたいのです。

「痛ーい!」と言いつつ笑っているのを見たら、子どもの脳が誤作動を起こしてしまいます。言葉と表情は、一致させなくてはなりません。

たたかれたり噛みつかれたりしたら、苦しげな顔を見せる。そうすれば、たとえ1歳の小さな子でも、「あ、いけなかったんだ」という表情になります。それが大切なのです。

とにかく、**子どもには何ごとも具体的に、わかりやすくお話しするといい**と思います。

コラム3 コミュニケーションブラッシング®のすすめ

子どもたちの中には、歯磨きが苦手という子が一定数います。上野歯科医院にも、「子どもが歯磨きを嫌がって困る」という悩みを抱えたお母さんたちがいらっしゃいます。

ひと言で歯磨きが苦手と言っても、歯磨き自体が苦手という子どもや仕上げ磨きを嫌がる子どもなど、タイプはさまざまですが、どんなタイプのお悩みに対しても、私がおすすめしていることがあります。

それは、「コミュニケーションブラッシング®」です。これは文字通り、「歯磨きを通してお互いのコミュニケーションを図ろう!」という趣旨で私が提唱している、いわゆる「歯の磨き合いっこ」のこと。


子どもは親の姿を見て育つものです。歯磨きについても同じことが言えます。

お父さんとお母さんが楽しく磨き合いっこする姿を、子どもに見せたことはありますか?　おそらく、ほとんどのご夫婦はそんなことをしたことはないと思います。

そこで、イメージしてみてください。自分以外の人に歯を磨かれるって、どんな気持ちがしますか？「オエッ」ってなってしまいそうだし、なんだか加減がわからなくて怖い気持ちがしますよね。それは、子どもであっても同じ。

じゃあ、両親がにこにこ楽しそうに歯磨きをしていればどうでしょう。親の姿を見て、子どもは安心して歯を磨くようになるかもしれません。

そしてぜひ、夫婦間だけでなく、お子さんに「お母さんの歯を磨いて！」と頼んでみてください。きっと、おもしろがってやってくれます。

この**「コミュニケーションブラッシング®」体験は、子どもたちにとって、「人にやってあげる」という奉仕体験にもつながります。**いつも一方的にやってもらっていた立場から、やってあげる立場へ。**「人の役に立てた」というその経験は、やがて「達成感」へとつながり、子どもの心の成長にも大きく影響していきます。**

「上野歯科医院で将来への希望が持てた幸せ」

東京都在住 40代

子どもたちの口呼吸と足指の変形が気になって、不安いっぱいで上野歯科医院にたどり着きました。口呼吸にはきちんと理由があることや身体の発達と足指の変形の関係を知り、頭に電流が流れるくらいの衝撃を受けました。後悔の念と、将来への不安で押しつぶされそうになったのです。そんな中、今までの私たちを否定するのではなく、膨大な情報と共に、今できることと将来への希望をたくさんお話ししてくださった清香先生。おかげで親も試行錯誤しながら、子どもたちの未来を変えるために、日常生活でできる工夫をするようになりました。鬼ごっこで走ると苦しくて、すぐ立ち止まっていた長男ですが、今では目を輝かせて生き生きと走っています。上野歯科医院にたどり着いて、本当に良かった！　これからも上野歯科医院に通院しながら、親子共々成長していきたいです。

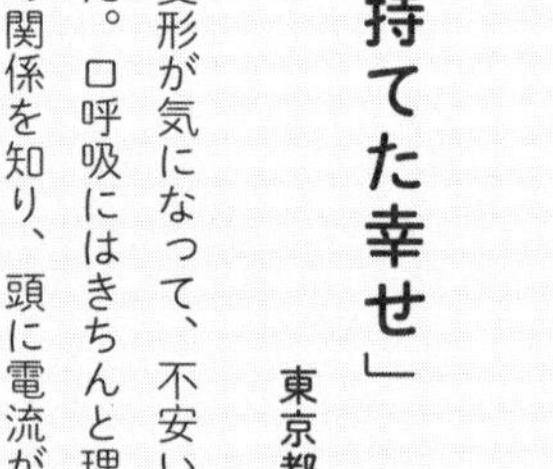

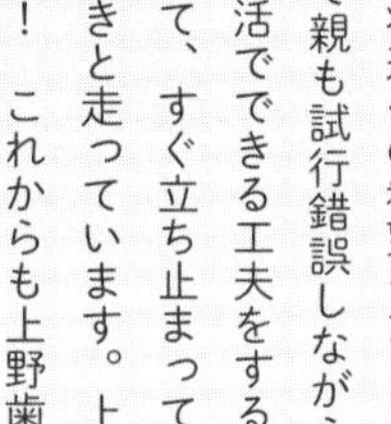

第5章

子どもの困りごとサイン観察と言葉かけ

困りごとの原因を問い詰めてもムダ

私が上野歯科医院でよくご相談を受ける子どもの困りごとは、おねしょ・指しゃぶり・歯ぎしりです。

トイレトレーニング中におねしょをするとか、乳児期のハンドリガードで指しゃぶりをするなど、まったく問題のないケースもありますが、そうでなければやはり、気になるものですよね。

まず、私が親御さんにお願いしているのが、そういう**困りごとがあった時に、「どうしておねしょしたの？」「なんで指しゃぶりをやめられないの？」と子どもを問い詰めて、責めるように原因を追及しようとするのはグッと我慢。**

子どもだって、やりたくてやるわけではないのです。すべて無意識にやってしまうのですし、特におねしょは、指摘されると罪悪感を持つ子も多いようです。

原因など子どもにはわかるはずもないので、責めても仕方ないのです。ですから親としては、「どうして？」ではなく、**「じゃあ、どうしようか」と一緒に対処する方向に意識を**

向けましょう。

ただ、実際に困りごとに手を焼く親御さんは多く、なんとか解決したいと思うものですよね。そこでお伝えしたいのが、その困りごとに至るまでに、子どもはサインを出しているということ。

おねしょで困る！　指しゃぶりやめて！　歯ぎしりどうしたらいい？

そうなる前に、お子さんをよく観察して、サインをキャッチできたら対処もできます。

困りごとのサイン　チェックポイント

子どもにどんな様子が見られたら、おねしょ・指しゃぶり・歯ぎしりなどの困りごとにつながる可能性があるのでしょうか。

実は、この3つの困りごとの原因には共通点があります。意外なようですが、**「呼吸がしっかりできていなくて、睡眠が浅いこと」が、こうした困りごとを引き起こす**のです。

もちろん、原因はそれだけとは限りませんが、要因としてあることは確か。ですから、子どもが酸欠状態ではないか、よく眠れているかどうか、チェックすることが大切になってくるわけです。

では、どうすればそれがわかるでしょうか。

呼吸がうまくできずよく眠れないのであれば、お子さんは何らかのサインを出すことが多いのです。そのサインを見逃さない。それが、困りごとを防ぐことにもなります。

ここでは、そのサインをチェックポイントとしてご紹介します。ぜひ参考にしてください。

□お尻を上げてうつぶせで寝る

ヨガの猫のポーズのような感じで、お尻を上げてお子さんが寝ていたら、よく眠れていないのかもしれません。このようなポーズで、子どもは自律神経を整えようとしています。

自律神経の簡単な仕組みについて、ご存知の方も多いと思います。普通は、**起きて活動する時間帯には交感神経が優位になっています。それが夜になると、副交感神経優位に切り替わることによって心身がリラックスし、人は眠りにつく**わけです。

お尻を上げるポーズは、交換神経優位を副交感神経優位に切り替えようとするポーズ。

つまり、夜になっても交感神経が優位になっていて、眠りが浅く、なんとか副交感神経優位に切り替えたいのです。

子どもは身体が未熟なので、本能的に猫のポーズをとることで、寝ている間にも自律神経を整えようとしている可能性があります。

その知識がないと、このポーズが苦しそうに見えて、ついあおむけに直そうとしてしまいます。でも、副交感神経優位にするためには、見守ったほうがいいということです。自律神経が整えば、子どもは自然に横を向いたりあおむけになったりしますから、とりあえずそのままの姿勢で寝かせておきましょう。もし、このポーズで寝ることがあまりに長く続くようなら、小児科や巻末に掲載されているクリニックに相談して、診てもらってください。

□いつも口が開いている

鼻呼吸がうまくできていないと、口が開きがちになります。つまり、いつも口が開いている子は、鼻呼吸に難があって口呼吸になっている可能性があります。

呼吸は、本来は鼻でするものです。口はあくまでも消化器に分類され、呼吸器ではありません。ですから、口呼吸をすると不具合が生じてきます。

まず、口腔内が乾燥してしまいます。そうすると口の健康に悪影響を与えるだけでなく、睡眠の妨げになることもあります。

鼻呼吸なら副鼻腔で浄化してから酸素を体内に取り入れるのですが、口呼吸ではそれができません。さらに、取り入れられる酸素の量そのものが、鼻呼吸よりも少ない酸欠状態となり、眠りが浅くなります。

□目の下のクマがひどい

最近、まだ小さいのに目の下にクマができている子どもが増えています。

クマは、目のまわりの血行不良で黒っぽく見えてしまっているわけですが、血行不良の原因に多いのが、寝不足や酸欠です。

口呼吸で寝不足と酸欠になっているケースが多いので、注意してお子さんの様子を観察してみてください。

□寝相が悪い

熟睡している時には、子どもはあまり寝返りをしないものです。ですから、もし寝相が悪いのであれば、熟睡できていないということになります。

ただ、子どもならある程度は寝相が悪いもの。今まではそうでもなかったのに、急に寝相が悪くなったとか、かなり動きが大きい場合には注意してみてください。

動きが大きいとは、ベッドから落ちる、いつの間にか寝具の上下逆の位置にいる、パジャマが脱げてしまう、などでしょうか。

身体を動かすことによって、本能的に気道を開こうとしてたくさん寝返りを打つわけです。寝相の悪さは、先天性舌癒着症、喉頭蓋《こうとうがい》・喉頭偏位症（先天的に舌が前方に位置しているために、喉頭蓋・喉頭がゆがんで呼吸が制限される）によって呼吸抑制状態にある子どもの特徴でもあり、いかに呼吸と寝相とに関連性があるかがわかります。

お尻を上げてうつぶせで寝る

お口ポカン、口が開いている

目の下のクマがひどい

寝相が極端に悪い

□ゲップが多い（赤ちゃんの場合は吐き戻しがひどい）・おならが多い

ゲップとおならが多いのは、自律神経の乱れで呼吸が整わないことが原因になっていることがあります。

「吸う」と「吐く」の呼吸運動は、交感神経と副交感神経を交代させる運動でもありますが、口で浅い呼吸をすると自律神経が乱れて、呼吸もうまく整わないということになります。

□唇が割れている

□顎を前に出して笑う

赤ちゃんはまだ顎関節ができていないので、笑う時に顎を前に出すことがあります。

ただし、2歳を過ぎても顎を前に出して笑う場合は、気道を確保しようとしているのかもしれません。

泣く、笑うという行為には、呼吸が大きく関わっています。

サインに気づいたら早めの対処

このように子どもはサインを出しているのですが、それを汲み取ってもらえなかった結果が、おねしょ・指しゃぶり・歯ぎしりにつながっています。

ですから、**親が子どもからのサインを知り、チェックを心がけて汲み取ってあげることができれば、早めの対処も可能**なのです。

サインに気づいて早めに対処すれば、そもそもおねしょなどの困りごとをしない、または困りごとが治る、という子どもがたくさんいます。

では、サインを受け取った場合は具体的に何をすればいいのか。

まず、**規則正しい生活習慣と適度な運動で、自律神経を整えることを意識してみてください。**

そして呼吸がカギですから、風船をふくらませたり、ラッパを吹いたり、おもちゃの「吹き戻し」を使うなどして、大きく息を吸って吐くトレーニングをしてみましょう。気道と

あいうべ体操

あ
「あー」と口を大きく開く
い
「いー」と口を大きく横に広げる
う
「うー」と口を強く前に突き出す
べ
「べー」と舌を突き出して下に伸ばす

胸郭を広げ、しっかり呼吸できるようになります。

他に、ぜひやってみていただきたいのが、「あいうべ体操」です。口呼吸から鼻呼吸に改善するための、簡単な口の体操です。

あいうべ体操

①～④の動作を、一日に30セットを目安としてくり返します。

声は出しても出さなくても構いません。

①「あー」と口を大きく開く
②「いー」と口を大きく横に広げる
③「うー」と口を強く前に突き出す
④「べー」と舌を突き出して下に伸ばす

このような対処をしても問題があるようなら、専門医に診てもらってください。

お子さんがまだ赤ちゃんであれば、いずれ**こうした困りごとに悩まされないための予防策として、ぎったんばっこんの運動で胸の筋肉をつけるといい**ですね。また、ハイハイが少ない子は口が開いてしまうことが多いので、**ハイハイをたくさんさせておくのもおすすめ**です！

健康の土台である呼吸を整え、お子さんの健やかな成長をサポートしたいですね。

困りごとの際の言葉かけ

おねしょ

まず、絶対に叱らないようにしていただきたいです。

おねしょは、水分の摂り過ぎというわけではなく、よく眠れていないせいで就寝中にも膀胱が活動してしまっているためにおこります。

ですから、叱ったり水分を制限したりするのはNGであることを理解してください。

いたわる言葉や、一緒に片づけながら原因を探るような言葉かけをしていきましょう。

「よく眠れた？」

「どんな夢を見た？」

「苦しくない？」

「疲れてない？」

「おまたが冷たくなっちゃったね」

「お布団、きれいにするから大丈夫だよ」

「パジャマとパンツをお洗濯しようね」


前半の「疲れてない？」までのような問いかけに対しては、子どもはあいまいにしか答えられないことも多いです。

でも、答えの内容に意味があるわけではなく、いたわりの言葉かけをすること自体に意味があるので、そこは追求しなくても大丈夫です。

また、膀胱が小さくておしっこの量をあまり溜めておけないこともあるので、寝る前にきちんとトイレに行かせることが大切です。

「夜中におしっこしちゃうから、トイレに行っておこうね」
「夜しっかり寝られるように、おしっこしておこうね！」

おねしょの時間がだいたいわかってくれば、その時間に子どもをトイレに行かせることを考えてもいいと思います。

その場合、あらかじめ子どもに、トイレに行かせる可能性があることを伝えておきましょう。

「ママは夜中に、〇〇ちゃんを抱っこして、シーシーさせるかもしれないからね」

いろいろな対策を講じても、まだ心配なら、おねしょ対策用の紙パンツをはかせるという手もあります。

（紙パンツを見せながら）
「夜中のおしっこが心配なら、こっちのお姉さん（お兄さん）パンツをはいて寝る？」

おねしょが続くと、その処理にお母さんたちもイライラしてしまうでしょうから、紙パンツなどをうまく使いながら、子どものプレッシャーと親のストレスをうまく緩和すればいいと思います。

指しゃぶり

指しゃぶりには、不安な気持ちを安定させる効果もあるので、とにかく指をしゃぶっちゃダメ！　というわけではありません。状況を見て、指しゃぶりを許容するケースもあっていいと思います。

ただし、歯が生えてくる頃になると、指しゃぶりによって歯が離れて生えてしまうことがあるので、そのタイミングで言葉かけをしてみましょう。


「ママがそばにいるから、大丈夫だからね」

「ママはいつも〇〇ちゃんのことを考えているからね」

「おいしい？」

「どんな時にやりたくなっちゃうかな？」

「安心するの？」

（親指に固執する子に対して）「どうして親指ばっかりなんだろうね」「（指しゃぶりに）さよならできそうかな？」

言葉かけをすることで、まずはお子さんを安心させてあげたいですね。そして、基本的にはあまり子どもを誘導するような声かけは感心しないのですが、親指への固執をやめさせるとか、指しゃぶりを卒業させる方向に、少しだけ気持ちを向けさせるような声かけをしてもいいかもしれません。

安心して、ちょっとした声かけに背中を押されて、すんなり指しゃぶりから卒業。そんな自然な流れをつくれるといいですね。

不安感の問題ではないようなら、指しゃぶりにはおねしょと同じ呼吸の問題が絡んでいることが多いようです。寝ている時に指しゃぶりをしているのは、酸素を取り入れようとしていることが考えられます。

そういう場合は、おねしょの対処と同じような「眠れた？」「苦しい？」といった声かけをしましょう。

歯ぎしり

まったく心配の必要がない歯ぎしりもあります。5～6歳の歯が生え替わる時期の歯ぎしりは、必要だからやっているのです。

実は、**歯ぎしりをして永久歯が生えてくる手助けをしています。歯ぎしりすることによって乳歯を揺らすと、根っこが溶けていき、永久歯が生えてくる**のです。

ですから、歯の生え替わり時期には、生理的に歯ぎしりが起きます。

また、歯ぎしりでストレスを発散させるとも言われているので、新しい経験をした時、新しいチャレンジの時、お出かけ、普段乗らない乗り物に乗る時など、興奮状態にあると歯ぎしりをすることがあります。一時的なストレスの発散と考えられます。

このような歯ぎしりについては、どうぞ心配しないでください。

ただ、保育園などで親の知らない間にストレスを抱えていたら、それを共有してあげることでお子さんは楽になれますので、それとなく様子を聞くといいですね。

「保育園で、お友だちとけんかしなかった？」
「恥ずかしいことなかった？」
「先生に叱られちゃった？」

たとえば、「今日は何があったの？」のように説明を求める質問をすると、子どもにはうまく説明できないことがあります。ですから、「今日は砂遊びした？　それともお絵描き？」など、選択できる答えを用意しながら、どこでどんなことが起きたか、どんなお話があったのかなど、少しずつ状況がわかるように導いてあげてください。

気をつけていただきたいのは、子どもはウソをつくし、カンちがいもするし、意外な受け止め方をしていることもあるので、子どもの言ったことすべてを正しいとは思わないことです。

ただ話に耳を傾けて、子どもの言うことに理解を示す言葉かけを意識してみましょう。

親が四六時中そばについているわけにはいかないので、**子どもが安心してお母さんにお話しできる雰囲気をつくりつつ、優しく聞いてみてください。**

それ以外の時は、やはりおねしょや指しゃぶりと同じで、歯ぎしりによって気道を確保し、酸素を体内に入れようとする表れだと考えられます。その場合はやはり、「眠れた？」「苦しくない？」のように声かけをしてあげましょう。

どのような理由の歯ぎしりにしても、歯ぎしりをやり過ぎて、顎が痛くなってしまう子もいます。そうした場合は、「歯も痛くない？」と聞いてみていただきたいです。

お子さんにとっても、なぜ顎が痛いのかわからないよりも、「虫歯だけではなくて、歯ぎしりのやり過ぎで歯が痛くなることもあるよ。そうすると、顎も痛くなっちゃうね」と伝えたほうが安心かもしれません。

コラム4

ギャン泣きした時こそ「のどちんこチェック」のチャンス！

小さな子どもは、泣くのがお仕事です。痛い時はもちろん、悲しい時、伝えたいことがうまく伝えられない時、怒っている時、いろいろな場面で、気持ちを吐き出す方法として、子どもたちは泣きます。

ですから親としては、泣く子どもとしょっちゅう向き合わなくてはなりません。でも、毎回毎回、なかなか厄介だと思いませんか？

特にギャンギャン大泣きしている時は、途方に暮れてしまいますよね。抱っこしたりなだめたり、お母さんも大変です。

でも、実はこんな時にこそできる、子どもの身体状況チェックもあるのです。ここは**「子どもの状態を確認するいい機会だ！」と前向きに考えて、抱っこの前にまずはチェック**してみてはいかがでしょう。

コラム 4

ギャン泣きした時こそ「のどちんこチェック」のチャンス！

どんなチェックかと言えば、ずばり、「のどちんこチェック」です。

実は、「のどちんこ」が見える子と見えない子がいます。もし、見えなかったら要注意！

のどちんこが見えない、または舌を出しても見えないということは、気道が狭い場合があります。この状態を放置しておくと、成人になってから睡眠時無呼吸症候群のリスクがあると言われています。また、なった場合に重症化しやすいと言われています。

もし、我が子の「のどちんこ」が見えなかったら、遊びを通して、胸郭を広げ呼吸を深くするトレーニングをしてみてください。

まずは、風船をふくらませること。ゴム風船が難しければ、紙風船からはじめてみてもいいでしょう。さらに、「吹き戻し」というおもちゃを取り入れてみるのもいいでしょう。

また、「ぎったんばっこん」の遊びもとても有効です。

トレーニングというより遊びですので、ぜひ日常的に取り入れてみてください。**楽しみながら、身体の発育を促せると嬉しいですね。**

「清香先生との出会いは私の財産」

神奈川県在住 30代

上野歯科医院にうかがったのは、息子の歯並びと足指が気になったから。先生は私が気になっていることをすべて聞き出し、すべての質問に丁寧かつわかりやすく答えてくださったので、心配ごとがいくつも解決しました。衝撃的だったのは、噛み合わせ治療の装置をつけてわずか数十分後に、顔つきや身体の使い方に変化があったこと。また、足指を丸めてしまう癖も目に見えて改善されました。何より驚いたのは、気にも留めていなかった口呼吸のことです。口呼吸の弊害や原因と対策を教えてもらい、それを実践したところ数ヵ月後には眠りが深くなり、意思疎通もしやすくなりました。これを知らずに過ごしていたら、相当苦労しただろうと思います。子どもの気持ちを第一に、親にも寄り添ってくださる先生に出会えたことが私の財産です。このご縁に感謝いたします。

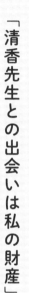

第6章

子育てに「遅過ぎる」はない！

いつからでも大丈夫！ 気づいたその瞬間からはじめよう

子どもの月齢や年齢に応じた、望ましい接し方というものは確かにあります。それが、いろいろな子育て本として紹介もされています。

子育てに熱心なご両親ほど、良い子育てをするためにたくさん本を読んでは「どうしよう！ もうその時期を過ぎちゃったのに……」と気にされることがあると思います。

でも、大丈夫です！ 子育てに遅過ぎるということはありません。それを、どうぞ忘れないでください。

結局は、**愛情を持って「本当に子どものためになること」を、客観的に判断する姿勢が子どもを健やかに育てます**。たとえ、「この時期にこうするといい」という効果的な時期を過ぎたとしても、その基本姿勢さえあればいつからでも大丈夫。

ご両親、特に子どもと一緒に長い時間を過ごすお母さんが「やり直そう！」と決めた瞬間からやり直しがはじまります。そして、そのおかげで子どもが変わったという実例はいくつもあるのです。

ですから、「もう遅い」とあきらめる前に、親としての姿勢を改めて確認してみましょう。

まずは、第4章の「言葉かけの土台となる大切な考え方」のところでもお伝えした通り、月齢や年齢を考慮した教育達成目標を必ず3つ決めておくこと。そして、それを定期的に見直してグレードアップしていくこと。

子どもに無理をさせないことは大前提として、**簡単にあきらめずにコツコツと目標達成を目指していただきたいのです。**

そして何より大事なのは、こうした**親としての姿勢を、ご夫婦でしっかりと話し合って確認すること**です。

夫婦の状態が、そのまま子どもに影響するということを、たくさんのご家族を見てきて実感しています。

それから、自分では気づきにくい視点を一つお伝えしておきます。実は、親自身が問題を抱えていてパニックになってしまうこともあるのです。

第5章で、子どもの困りごとの原因として、呼吸がきちんとできていない酸欠状態をご紹介しましたが、親もしっかりとした呼吸ができないまま大人になっているケースがあります。

するると、酸欠のせいで健康状態や思考に問題が出てきて、パニックになりやすくなってしまいます。子育てに一生懸命で心が乱れるのは、もしかしたらそんな原因があるかもしれません。

ですから、**自分のキャパシティーをよく見つめ直して、できることとできないことをリストアップし、それを子育ての参考にする**のもいいかもしれません。

親という字は、「木の上に立って見る」と書きますよね。これは、小鳥の巣立ちの時に、少し離れた木から「こっちに飛んでおいで！　大丈夫だよ」と親鳥が見守る様子を表しているのです。

親鳥は、決して小鳥のすぐそばで「ああしなさい、こうしなさい」と介入しません。ただ、信じて見守ります。

これが、親のあるべき姿。

「今○歳だから、これができなきゃダメ！　ほら頑張って。ちゃんとやって！」

「もう○歳になっちゃった。どうしよう、追いつかなきゃ！」

そんなふうに焦ってプレッシャーをかけることが、親の仕事ではありません。あきらめないことは大切なのですが、適切なサポートはしても、子どもを追い詰めないようにしたいものです。

そんなつもりはなくても、子どもへの愛情ゆえについ必死になって、気づけばプレッシャーをかけているということがあります。そんなことにならないよう、子育てに「遅過ぎる」はないことをよく理解して、ゆったりと構えていただきたいのです。

子どもを導く言葉かけをし、日常の中で遊びながらできる身体と心への刺激を取り入れ、焦らず成長を見守っていきましょう。

あきらめなければ子どもは変わる

実際に私は、適した養育の時期を逸してしまい、問題を抱えた子どもたちのリカバリーに立ち会っています。

たとえばハイハイがうまくできなかった赤ちゃん。抱っこの状態や授乳姿勢を拝見して、お母さんが無意識に締めつけるような抱っこの仕方をしていることに気づきました。

それでは正しい腕の動かし方が習得できないので、肩や腕の廻旋運動をサポートしたところ、ちゃんとハイハイできるようになりました。

また、歯磨きができなかったお子さん。口に歯ブラシを入れると「オエッ」と嘔吐反射がありました。

お母さんは、我が子かわいさのあまり「危ないから」という理由で、指でもおもちゃでも何でも、一切舐めさせないようにしてきたそうです。だから、「歯磨きも、泣くからしない」と。

触覚の受容器として重要な口に、食べ物以外を触れさせないできたツケで、感覚過敏の問題を起こしていたのです。

口の感覚が育っていないことは明白ですが、敏感な口にいきなりアプローチすると、かえってうまくいきません。そこで、口から一番遠い足元から触れて、触られる感覚を覚えさせるようにしました。

足裏、背中、と段階を踏みながら、揉む・さする・軽くつまむ、といったさまざまな感触を伝えていくと、だんだんと触覚が慣れていきます。

触れながら言葉かけをすることで、お子さんを不安がらせないことも大切です。

「大好きな○○ちゃんだから、足をなでたいな！」

「お母さんと触りっこしよう！　大好きな証拠だよ」

「(触られたら) どんな感じがするか、教えてね」

すると次第に触覚が育っていくので、口にもアプローチしていけます。そこで、お母さんの歯磨きを子どもにやってもらうコミュニケーションブラッシング®。

歯磨きを衛生的な義務ではなく、遊びやコミュニケーションのツールとして継続することと1年あまりで、嘔吐反射もなくなりました。


初めての子で神経質に育てられ、まったく自然と触れ合う機会のなかったお子さんも、感覚過敏になってしまいました。

下のお子さんが生まれてから、「この子も育て直そう！」と気づいたお母さんにアドバイスをし、毎日泥んこ遊びをさせるようにしてもらいました。

なるべく自然の中に身を置き、裸足で過ごさせ、どろんこ遊びだけでなく、ブランコなど身体を動かして他の子どもたちと一緒に遊ばせる。

もちろん、子どもとしては慣れないことをやるわけですから、ちょっと背中を押してあげるような言葉かけをすると効果的です。

「どろんこって気持ち良かったんだね！　お母さん知らなかった！」

「風が気持ちいいし、お花のいいにおいもするよ」

「裸足で歩くとどんな感じ？」

「いっぱい動くと、ご飯がおいしくなるよ」

「お友だちと遊ぶのって、楽しいね」

ただ、いつもそれができるわけではありませんから、できない時には、動物の動きを真似させるなど、家の中での遊びも工夫してもらいました。

たとえばアザラシのようにずりばいをすることで、赤ちゃんの頃の動きもやり直し。「だるまさんがころんだ」を、ハイハイや高ばいの姿勢でやらせます。

遊びながら、それまでに習得すべきだった身体の動きを少しずつ身につけさせていったのです。そのお母さんの努力は実り、健やかな子どもらしさを取り戻してくれました。

このようなケースはたくさんありますし、大人になってからでも改善できた例があるので、勇気を持ってやっていただきたいのです。

私が知っている限りでは、60歳のお母さんが一念発起して30歳のお子さんと時間をかけて向き合ったところ、すぐにパニック状態になって扱いづらかったお子さんが、落ち着いて接しやすくなったという例もあります。

実践したい親子遊び

では、やり直そうと思ったその時から、リカバリーのためにはどんなことをすれば効果的なのでしょうか。

ポイントは、**「訓練」ではなく「遊び」でリカバリーしていく**こと。子どもと一緒に、ご両親も楽しみながら実践してみましょう。

楽しい！親子遊び

ママの足に乗って遊びましょう！

❸ 肩に手を置きます
❹ 完全にママの太ももに乗っちゃうよ
❺ ぐらぐら揺らします
ぐら
ぐら

下半身強化とバランス感覚が養われます。身体には触れずに手を添えておきましょう。

❶ 時々足のマッサージ。触覚を刺激します
❷ もみもみ

まずは片足ずつ乗ってみましょう。

ママの身体を使って「くるりんぱ」

❶ 両手でしっかりつかみます！
❷ ママの身体を足でかけ上がって1回転！

車酔いや転倒などにも関わると言われる内耳、バランス感覚、平衡感覚、いろいろな感覚を強化させる遊びです。

風船挟みおしくらまんじゅう

（3歳くらい〜）

❶ 両手は使わないで立ちましょう！
❷ ママは壁になって、子ども主体で遊びましょう

風船が難しければ、ボールなどからはじめてもいいでしょう。脚力、上半身の強化、さらにバランス感覚とコアトレーニングにも。

今日からできる！

洗濯バサミ取り合いっこ遊び

❶ 手を伸ばさないと取れない距離がベスト！
❷ 正座して向き合いましょう

身体の前面に洗濯バサミをつけて、取り合いっこする遊び。

指先を中心とした手と目の運動にもなります。

動物の真似をしながらジャンケン遊び

(3歳くらい〜)

❶ 背中がまっすぐで、頭が上がっているかチェック！
❷ 動物の真似で「だるまさんころんだ」も楽しいよ！
❸ 大人が見本を見せてあげましょう
❹ クマ歩きでジャンケン！

まずは一緒に動物の真似をしてみましょう。

それから、向かい合ってジャンケンをします。片足を上げたらチョキ、足を広げたらパー、閉じていたらグー。

集中力、決断力、洞察力、バランス力、脚力をはじめとする全身の強化につながる遊びです。

しがみつき遊び

❶ 大人も筋力が必要！
❷ 落ちないように、すぐサポートできる体勢で！

大人の身体を使ってしがみついたりトンネルにしたりして遊びます。

全身運動で、親子のスキンシップにもなります。

大人トンネルの時は、最初は大きめのトンネルをつくってくぐらせ、どんどん難易度を上げていくと飽きずに楽しめます。

子育てで大切なのは「受け止めること」

今の子育てのトレンドは、「ポジティブ」ではないでしょうか。

注意する、欠点を指摘する、管理する、といったこれまでの日本的な子どもへの接し方を反省し、褒めて育てよう！　励まそう！　認めよう！

子育てに限らず、ポジティブであることはとても大切なことです。ですから、私が考える子どもへの言葉かけも、ポジティブさを意識したいと思います。

ただし、「やり過ぎに注意！」と言いたいです。


「ペップトーク」というコミュニケーションをご存知ですか？

アメリカ発祥で、もともとはスポーツの試合前に監督やコーチが行った、選手を励ますための短い激励のスピーチでした。ペップ（ＰＥＰ）とは、英語で「元気・活力」といった意味があります。

これが転じて、シンプルでポジティブな言葉かけによって、相手に勇気を与えるコミュニケーションスキルとなっています。そして、「ポジティブな子育て」というトレンドに乗って、子どもにもペップトークを用いる風潮が出てきました。

かくいう私も、メディカルペップトーカーです。つまり、医療の現場で子どもたちにペップトークを用いています。

ただし、私のペップトークは、ポジティブな励ましよりも承認（受け止めて認めること）と愛着（アタッチメント）を優先した、独自のスタイルのものです。

なぜなら、子どもは心と身体がまだ育ち切っていない未完な状態ですし、言語の習得や数の概念の理解もできていないからです。当然、感情を言葉で説明することもできませんよね。

そんな**小さな子どもたちに大切なのは、まず承認！　そして何よりも愛着（アタッチメント）を最優先**にしています。

たとえば、おねしょをしてしまう子どもを前にして、「治る、治る！　できる、できる！」と励ますかわりに、**「さあ、トイレに行ってスッキリしようね。そうすればぐっすり眠れるね。ママがそばにいるからね」**といった言葉かけをする。

このほうが、ポジティブな「治る！」よりも、おねしょを思い出させないし、ストレスを与えることもありません。それこそが、承認や愛着（アタッチメント）ではないでしょうか。

ポジティブに励ますことで、プレッシャーを感じてチック症になったり、爪を噛む、夜泣きなどの症状を起こしたりする子どもたちもいることを、忘れないようにしておきたいです。

今は言葉をポジティブに変換することが流行っていますが、それも子どもを追い詰める可能性があります。

たとえば、子どもが「疲れた」と言ったら、「本気で頑張った証拠！」。

「今はできない」と言ったら、「伸びしろしかないね！」。

「飽きちゃった」と言ったら、「他に興味が出てきたんだね！」

こんなふうに、逐一ポジティブに言葉を変換されることは、子どもにとっては、実は否定されることにつながってしまいます。

「疲れた」と言ったら、ただいたわってほしい。「今はできない」と言ったら、「じゃあいいよ、今はできないんだよね。わかったよ」と認めてほしい。「飽きちゃった」と言ったら、「もうやらなくていいよ、終わりにしよっか」と受け止めてほしい。

大人だって疲れ果てた時や心がいっぱいいっぱいになった時、ただ認めてねぎらってほしいことがあると思います。

子どもであれば、なおのことではないでしょうか？

私は、**「励ます、褒める」よりも「受け止める」ことが大切**だと思っています。

子どもへの言葉かけに、難しいスキルなんていりません。ただ、受け止めて、心を汲み取ってあげることです。

それさえ意識していれば、きっとお子さんとの間に素敵なコミュニケーションが生まれ、それが発達にもいい影響を与えてくれると信じています。

コラム5 ストレスマグニチュード

乳幼児にももちろん、ストレスはあります。ただ、それをうまく伝えることはできませんよね。

私は、子どもの負担を大人にも気づいてほしいと考えて、ストレスを1～5に数値化しました（次ページ参照）。数字が大きいほど、ストレスも強いと考えてください。

これを、実際に上野歯科医院では活用しています。

どんなことがどの程度、子どものストレスになっているのでしょうか。数値化することで、子どものストレスを客観視することができます。**数値はあくまでも参考に**、日常生活に生かしてみてください。

ストレスマグニチュード チェックリスト

上野歯科 version　乳幼児編

子どもにとってストレスと考えられる出来事のリストです。
あてはまるものをチェックし、足して数値を計上しましょう。

1	□帰省 □運動会などのイベント □初めての触覚 □暑さ	□服や靴のきつさ □初めての場所 □初めての人
2	□学年が上がる(担任が代わる) □習いごと □お友だちとの喧嘩 □季節（天候・温度）の変化	□騒音 □光 □におい
3	□食事（食事中の注意小言） □暗い場所 □引っ越し □入園、卒園	□トイレトレーニング □失敗 □衣食住に関わること
4	□夫婦喧嘩 □他人と比較されること □親の離婚 □家族の病気	□母の妊娠（弟、妹ができる） □親の過度な期待 □家族の問題
5	□家族との死別 □ケガ・病気 □病院（通院、治療）	□災害 □眠れない □生命に関わること
10	□虐待	

数値別アドバイス

ストレスマグニチュード　数値計測後のフォロー

1〜10

小さな子にとっては毎日が発見の連続。数値化できないような細かい刺激も、積み重なればストレスになるに違いありません。注意深く見守りながら、子どもの変化に気づけるようにしたいものです。

日常的には、「楽しいね！」「おもしろいね！」「ワクワクするね！」といった声かけで、自己沈静能力（ストレス耐性）を育て、お子さんの気持ちが楽になるよう意識しましょう。

11〜30

癇癪を起こして泣くようなことがあれば、慰めても耳に入らないことがあります。抱きしめて落ち着かせるといいのですが、構わないで放っておくこともストレス緩和につながります。

落ち着いてから、しっかり抱きしめて背中をさすりながら安心させましょう。子どもの本心を聞き出そうとするよりも、メッセージ的な声かけをしてください。

「ママがそばにいるからね、大丈夫だよ」

そして、一日5分でも子どもと一対一の時間をつくり、触れ合いも大切に。

31〜50

好きなことを存分にさせましょう。

「指示・命令・質問」を封印して、子どもが主導権を持った遊びで気分転換させてみてください。

絵を描きたい子もいれば、寝たい（休みたい）子もいるでしょう。何でもアリです。その子のペースで好きなことに没頭するうち、機嫌が良くなってストレスが軽減されます。子どもが没頭、熱中している時は、大人は笑顔で「見守り隊」に徹しましょう。子どもがこちらを向いたら、「見ているよ」「大丈夫だよ」の気持ちを込めたアイコンタクトで安心させます。

51〜80

思い切り身体を動かす遊びでストレス発散！かなりストレス度が高いので、心配とは思いますが、子どもの前で動揺を見せると不安がらせてしまいます。子どもと一緒に外遊びをして、親も発散してみましょう！

すでに一人寝をしているお子さんであれば、添い寝をするのも安心感につながります。

81以上

親が一人で解決しようとせずに、かかりつけ医や子育てカウンセラーに相談する段階。子どもに過度な質問をするのはＮＧです。子どものほうから話しはじめたら、大人は話をさえぎらずに聞くことが大切です。

呼びかけに応じない、ボーッとしている、おねしょを急にするようになった、寝ていても熟睡していないように見える、夜泣きをするなど、これらの症状がある場合には、**ストレスの度合いは無視して子どもとの時間をつくり、しっかりと抱きしめてあげてください。**

「上野歯科医院で解決しないことはない！子育ての教科書のような場所」

埼玉県在住　30代

セミナーに参加してすぐに診察を予約し、息子が7ヵ月の時から通いはじめました。私は元保育士ですが、清香先生は学校や現場でも知ることのできない話をしてくださるので、検診のたびにたくさんメモをしています。教えていただいたことを実践すると、育児がスムーズです。ちょっとしたポイントで、子どもが大きく変わることを実感しています。上野歯科医院で解決しないことはない！　歯の治療だけでなく、全身の発育発達、姿勢、言葉かけ、自己肯定感の高め方など、ありとあらゆる角度からの種々の質問に対して豊富な知識で答えてくださるから、毎回の検診が楽しみです。子育てに自信を持たせてくれる清香先生の人柄に惹かれて、少し遠いですが通っています。上野歯科医院は、私にとって子育ての教科書のような場所。そして、安心して子育てができる場所です。

「先生との出会いが大きな気づきにつながった」

東京都在住　40代

思い通りにいかない息子の子育てに、私は悩んでいました。眠らない、乳児湿疹が治らない、首の据わりが遅い、寝返りできない、うつぶせを嫌がる、身体が反っている、ハイハイの足の運びがおかしい、いつも口をあけてよだれがダラダラ……、等々。五体満足で生まれてきたにもかかわらず、生きていくのが大変そうな印象でした。上野歯科医院に通うようになり、はじめのうちは泣いていましたが、回数を重ねるごとに変わっていきました。母親の私も、子どもによかれと思っていた育児グッズや食べ物、身に着けるものなどが実は成長を妨げていたなんて、先生に出会っていなかったら気づかなかったでしょう。言葉かけの重要性も知りました。第二子となる娘も、新生児期からアドバイスをいただいています。これからもよろしくお願いします。

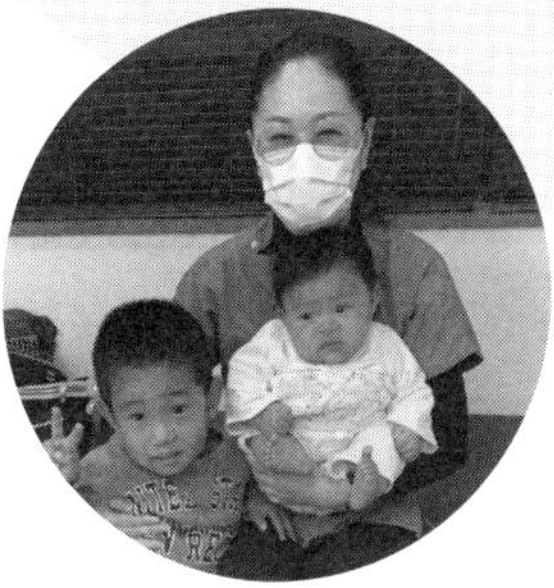

おわりに

子育てに悩んで、つらくて泣いてしまうお母さんたちがたくさんいます。
一生懸命に育てているのに、寝ない、暴れる、食べない、吐く、歩かない、泣きわめく……。

すがるように病院に行ってみれば、「特に問題ありません」「健康ですよ」「見守りましょう」と言われるばかりで、ますますどうすればいいのかわからない。そして、また泣くしかありません。

ご主人に相談すると「ノイローゼだよ」とか「高齢で生んだからじゃない？」と無責任に言われ、取り合ってもらえない。「ワンオペ育児で、あなたは何もわかっていないじゃない！」と言いたくもなりますよね。

ネットを見たりママ友に相談したりしてみても、直面している問題は親子それぞれで専門家でもないので、多少は共感し合えるかもしれませんが、なかなかスッキリしません。

よそのお子さんが順調に育っているのを見て、かえって落ち込んでしまうことすらあります。

そんな悩み抜いているお母さんたちの姿を見て、私はとても「見守りましょう」などとは言えませんでした。なんとか力にならなければ、と思いました。

でも、どうやって？　その答えは、自分で探すしかなかったのです。

歯科だけの勉強をしていては、到底答えにたどり着けません。ですから、助産師、理学療法士、保育士といった資格の勉強に加えて、発達障害児の研究、感覚統合など、さまざまな分野の勉強をして、自分なりに点と点をつなげていきました。

そうやって、それぞれの子どもの症状に照らし合わせて適した解決法を探り、アドバイスをしてきました。

その一つひとつが的確だったかどうかはわかりませんが、少しでも子育てのヒントになればと提案してみると、それだけでお母さんたちの顔が晴れやかになる。

そんな経験を、たくさんすることができたのです。

そのうち、お母さんたちの間で「上野歯科医院では、子育ての悩みを聞いてくれる。一緒に子どもの成長を見守ってくれる」という噂が広がり、悩んでいるお母さんたちがどんどん来院するようになりました。

たくさんの悩める親子と接してきても、一つひとつのケースは違います。たくさんのことを学んだはずなのに、「どうすればいいんだろう?」と困惑することも多いのです。

でも、目の前には苦しんでいるお母さんがいる。そして、当の子どもは無邪気に笑っている。お母さんを助けたいし、子どもの笑顔も守りたい!

ですから、今までの勉強では足りない、なんとか答えを見つけなくてはと使命感に駆られてまた勉強する……。そのくり返しでした。

すると、呼吸に問題を持っているお子さんが多いことがわかってきました。呼吸なら、自分の専門である口腔の分野からより深く調べられると思い、足りないところは知り合いの耳鼻科の先生や小児科の先生にお話をうかがい、だんだんと理論を体系化していくことができるようになっていったのです。

私が学ぶことによって、自分自身がネットワークの中継地点であるハブのような存在になりたいと思っています。

私を中継して、より専門的な助けが必要ならそれぞれのスペシャリストのところへつなぎ、お母さんたちに少しでも安心や悩みの解決を提供したいのです。

困った時に上野歯科医院を訪ねれば、そこで何か答えが見つかるかもしれないし、見つからなくてもどこかのスペシャリストへの橋渡しをしてもらえる。そう思ってもらえれば、自分の役割を果たすことができます。

悩みを抱えて孤独になっているお母さんたちに、「一人じゃないよ！　わからないことは相談して！」と伝えるために、私がいるのです。

謝辞

私が本書を書くまでには、たくさんの先生方、専門家の方から教わり、影響を受けてきました。その支えがあったからこそ、頑張ってこられたと感謝しています。

私を導いてくださった先生方、ありがとうございます。

岡崎好秀先生、岩倉政城先生、山口創先生、今井一彰先生、ありがとうございます。

ひきたよしあき先生、岩崎由純会長、ありがとうございます。

また、私にとって初めての著書となるこの本は、多くの方々のご協力とお力添えがなければ出版できませんでした。

まずは、私に学びへの気づきとモチベーションをくれた、上野歯科医院に来てくださっているお母さんたち。同じ女性として、共感し、寄り添っていきたいです。

そして、かわいい子どもたちも私の大いなる喜びです！

おわりに

安田邦彦さん、理絵さん、理瑚ちゃんご家族、ありがとうございます。
熊谷拓先生。和久晋三先生、章子さん、峻也くんご家族。むらまつかなこさん。
山崎智子さん。Café Verdeの池田衣里さん、吉川知さん。ありがとうございます。

出版に関わってくださった、編集の田谷さん、坂本さん。ライターの尾﨑さん。お世話になりました。

そして私の最大の理解者、夫であり上野歯科医院長である隆生と愛犬ｍｕ。素晴らしい出会いに恵まれて、私の想いを書籍という形にすることができました。ありがとうございます！

これからも、みなさんと一緒に学びを深めていけたら嬉しいです。

上野　清香

クリニック紹介

子どもを多角的にしっかりと診てくれる歯科クリニックをご紹介します。
子どもの心や身体の成長で悩んだ時は、ぜひ相談してみてくださいね。

❶足育　❷息育　❸足育・息育　❹赤ちゃん歯科　息育
❺足、息、食育　❻視機能検査・ビジョントレーニング

❺コープ歯科クリニック 院長　白石典史
〒061-3213 北海道石狩市花川北3条3丁目9番2号コープさっぽろ　いしかり店2階
TEL：0133-72-1182

❸医療法人　おしま歯科医院　山本エレナ
〒861-0531 熊本県山鹿市中825
TEL：0968-43-1234　http://www.oshimashika.com

❸フリーランス歯科衛生士　MEGUMI KOWAKA GUENKA
R.PRIMEIRO DE JULHO,445 V CARVLHO CAMPO GRANDE MS BRASIL 79005-610
e-mail：voto1215casado@gmail.com

❸森下歯科　森下正志
〒063-0032 北海道札幌市西区西野2条2丁目5-17　西野MTビル2F

❹❺ゆきデンタルクリニック　矢島由紀
〒849-0915 佐賀市兵庫北2丁目15番34号
https://www.yukidentalclinic.com/

❹❺熊谷歯科医院　熊谷拓
〒030-0812 青森県青森市堤町2-21-1　TEL：017-734-0686

❸あんざい歯科医院　安齋理江
〒386-1546 長野県上田市浦野41　TEL：0268-31-3988　www.aanzai.co.jp

❺内村歯科医院　内村裕香
〒349-0135 埼玉県蓮田市井沼843-7　https://www.ucci-dc.com/

❹海老沢歯科医院　海老澤俊一
〒308-0845 茨城県筑西市西方1775-9　https://ebisawa-dental.amebaownd.com/

❷山中歯科医院　山中隆
〒675-0062 兵庫県加古川市加古川町美乃利470-2　https://ydc.jp/

❺医療法人なりとみ歯科　成富健剛
〒841-0004 佐賀県鳥栖市神辺町397-1　http://www.naritomidental.jp

❸ぽっぽ歯科クリニック　東山敬貴・奉子
〒028-5312 岩手県二戸郡一戸町一戸字砂森 123-1　イコオショッピングセンター内
https://www.poppo-dc.com/

❺和久医院　和久晋三
〒669-3601 兵庫県丹波市氷上町成松 330-1　TEL：0795-82-1470

❹❺いけだ歯科医院　池田守・靖子
〒852-8155 長崎市中園町 8-7　エビスビル 2F　http://www.ikeda-dc.or.jp

❺ナリタデンタルクリニック　成田優
〒156-0057 世田谷区上北沢 4-14-7　片野ビル 2F
TEL：03-3304-8700　http://www.narita-dc.com

❷ちあき歯科　山門千晃
〒649-5331 和歌山県東牟婁郡那智勝浦町天満 1595-15

❺平岸おとな歯科こども歯科クリニック　石川博司・石川亮子
〒062-0932　札幌市豊平区平岸 2 条 11 丁目 3-14　第一川崎ビル 2 階
TEL：011-822-4158　http://www.4158net.com

❹❺おさむファミリー歯科　島袋郁子
〒901-2222 沖縄県宜野湾市喜友名 1-31-2
TEL：098-894-0001　https://lin.ee/nUMfNeh

❺大友歯科医院　大友聡之
〒034-0011 青森県十和田市稲生町 20-34　TEL：0176-25-6000

❹はぐみの杜デンタルクリニック　角田裕行
〒276-0040 千葉県八千代市緑ヶ丘西 3-8-10　https://www.hagumi-dc.com

❷歯科診療所ひまわり 井上博
〒512-8061 三重県四日市市広永町 1172-1
https://www.himawari-mc.com/himawari/

❸フリーランス歯科衛生士　パーソンズ美保
〒630-8014 奈良市四条大路 2-5-38-3　e-mail：obchmm@gmail.com

❺たかはし歯科クリニック　高橋一臣
〒014-0805 秋田県大仙市高梨字田茂木 84　dental-office-t.com

❸歯科衛生士　下川真弓
e-mail：mayu617bon@yahoo.co.jp

❹細川歯科医院　細川宗靖
〒047-0013 北海道小樽市奥沢2丁目7-25　https://www.hosokawadc.com/

❹青い帽子の赤ちゃん歯科　西塔治
〒630-8352 奈良県奈良市北風呂町37- 1
TEL：0742-23-2200　https://www.naramachi-oneness.com

❷医療法人博愛会（社団）日吉台歯科診療所（矢島歯科医院）　矢島満
〒223-0062 横浜市港北区日吉本町1-17-33　http://www.yajima-dc.jp

❺くるみ歯科医院　多田聡
〒690-0835 島根県松江市西尾町1-11　TEL：0852-61-6263

❷よこた歯科医院　横田成一
〒814-0133 福岡県福岡市城南区七隈8-13-13
TEL：092-862-3399　http://www.dental-yokota.com/

❸医療法人社団栄昂会細田歯科医院　中原維浩
〒124-0021 東京都葛飾区細田4-25-1　https://www.hosodade118.com/

❸戸塚駅前トリコ歯科　中原維浩
〒244-0003 横浜市戸塚区戸塚町4018番地1　ザ・パークハウス戸塚フロントビル1階
TEL：045-392-3185　https://www.trico-dental.com/

❹桜田歯科医院　桜田典伸・里実
〒005-0004 北海道札幌市南区澄川四条2丁目1-8　桜田ビル3階
http://www.sakurada-dc.com/

❹❺たけのやま歯科　山田翔
〒470-0136 愛知県日進市竹の山4-611-2
TEL：0561-75-6480　https://www.takenoyama-dc.jp/

❶かたしま整骨院　針宮絵梨
〒870-0943 大分市片島1-5-2　コスモハイツα 2-101

❶からだLab Gooth　安藤恵子
〒658-0000 神戸市東灘区本山中町　http://bikotsu.jp

❸クリニック：青葉歯科医院　倉田一正
〒227-0062 神奈川県横浜市青葉区青葉台 1-6-13　ケントロンビル 4F
https://dental-aoba.com

❷❺医療法人 Neuf うえの矯正歯科　上野聡
〒305-0024 茨城県つくば市倉掛 805-7　　http://www.smile-32.com

❹❺さくら総合歯科ベビーキッズ歯ならびクリニック　永田肇
〒512-1211 三重県四日市市桜町 1278-3　　http://kosodate-hanarabi.com/

❺わらび歯科医院　植木普・弘子
〒284-0045 千葉県四街道市美しが丘 3-7-1　　http://www.warabishika.com/

❹❺山本歯科クリニック　山本洋平
〒442-0068 愛知県豊川市諏訪 4-176
TEL：0533-86-3341　　http://yama-dent.com

❸みらいクリニック　今井一彰
〒812-0013 福岡県福岡市博多区博多駅東 1-13-31 駅東サンシティビル 6F
https://mirai-iryou.com

❸❹マーレ日本橋デンタルクリニック　川島栄里子
〒103-0004 東京都中央区東日本橋 3-3-18　シトラス東日本橋 1F
https://mare-dental.com/

❸タカサゴデンタルオフィス　近藤剛史
〒870-0029 大分県大分市高砂町 1-5 大川産婦人科・小児科　高砂ビル 7 階
http://takasago-do.jp/

❹はなだ歯科クリニック　花田真也
〒816-0943 福岡県大野城市白木原 1-17-4　B1F　　https://4180.cc/

❷ルトゥール歯科診療室　金沢俊佑
〒223-0065 神奈川県横浜市港北区高田東 4-23-4　高田駅前医療ビル 3 階
TEL：045-547-3287　　www.retour-dental.com

❹❺のひら歯科医院　野平明彦・福留早紀
〒284-0003 千葉県四街道市鹿渡 2003-25　高宮ビル 2 F
https://www.nohirashika.com

❸❹フリーランス歯科衛生士　波止祥子
e-mail：sokuiku.1215@gmail.com

❹ワイズ歯科クリニック　山田慶
〒950-0946 新潟市中央区女池西 2-7-16　https://ys-sika.com

❸スヴァラ歯科　堀部崇大
〒177-0041 東京都練馬区石神井町 7-7-15　https://www.suvara.or.jp/

❺ひまわり歯科　鈴木公子
〒949-4141 新潟県柏崎市西山町西山 206-11
TEL：0257-48-2152　https://www.himawari-kashiwazaki.com/

❹東海歯科　加藤 賢吾　肥爪晴子
〒444-0869 愛知県岡崎市明大寺町出口 42-1

❶フラウプラッツ東京店　伊藤笑子
〒154-0014 東京都世田谷区新町 3 丁目 20-1　ヴェルジェ桜新町 201
京都本店
〒606-0803 京都市左京区下鴨下川原町 62-4　リバーコート下鴨 1F
TEL：075-706-2800　https://www.frauplatz.com/

❸郷家歯科医院　郷家則昭
〒989-3128 宮城県仙台市青葉区愛子中央 6-3-30　gouke-dc.net

❸たむら歯科医院　田村太伸
〒025-0021 岩手県花巻市南城 27-13　http://tamura-shika.jp

❹❺藤生歯科センター　脇田雅人
〒740-0041 山口県岩国市黒磯町 1-1-22

❸秋田市のひがしとおり歯科医院　山本高敬・山本真弓
〒010-0003 秋田市東通 3-10-15　TEL：018-831-8867

❻ EYE'X 飯塚店　小松佳弘・宮田ちひろ
〒810-0001　福岡県福岡市中央区天神 1 丁目 15-38　天神 KJ-1 ビル 1 階
EYE'X 銀座店
〒104-0061 東京都中央区銀座 7 丁目 4-14　HBC GINZA ビル 3F
TEL：03-3569-2257　e-mail：ginza@eyex.co.jp

※紹介しているデータは2021年5月時点のものです。

〈著者略歴〉

上野　清香　うえの　さやか

デンタルモンテッソーリ®創始者。

上野歯科医院副院長、非営利一般社団法人Da'at　Hug代表。

あいうべ体操指導士、英国予防医学機関公認フェイスインストラクター、メディカルデンタルケア講師、発達トレーナー、脳育知育トレーナー（その他多数資格保有）。

日本中から赤ちゃんが来院する、予約３ヵ月待ちの「上野歯科医院」で歯科衛生士として勤務するかたわら、「口腔から全身・全身から口腔を診る」ことを発信し、鼻呼吸の大切さと口呼吸の弊害、口から始まる全身疾患などの説明を通して、ヒトの身体における口腔の重要性を啓発する活動を行っている。また、新生児から口腔を見ることができる唯一の歯科衛生士として、独自メソッド「デンタルモンテッソーリ®」を確立し、口腔と脳のつながり、口から始まる脳育を行い、子育てに関する悩み相談から解決法を母親に伝授。さらに年間１００本以上の講演を精力的にこなしている。

多くの専門家を師と仰ぎ、日々進行形で学びを深めている。愛読書は『謎解き口腔機能学』岡崎好秀著（クインテッセンス出版2003年)、『指しゃぶりにはわけがある』岩倉政城著（大月書店2001年)、『言葉のちからをつくる本』ひきたよしあき著（三笠書房2020年)、『スクール・ペップトーク』岩崎由純著(学事出版2018年)、『人は皮膚から癒される』山口創著（草思社2016年)、『嬉しいことばが自分を変える』村上信夫著（ごま書房新社2020年)、『鬼滅の刃』吾峠呼世晴著（集英社2021年)、『北斗の拳』原哲夫・武論尊著（集英社1988年)、『免疫を高めて病気を治す口の体操「あいうべ」』今井一彰著（マキノ出版2008年）など多数。

参考文献

『伸びる子どもの、からだのつくり方』森本貴義著（ポプラ社2016年）
『人間脳を育てる～動きの発達&原始反射の成長』灰谷孝著（花風社2016年）
『ブレインジム～発達が気になる人の12の体操』神田誠一郎著（農文協2014年）
『0歳～6歳子どもの発達とレジリエンス保育の本―子どもの「立ち直る力」を育てる』湯汲英史著（学研プラス2018年）
『保育者が知っておきたい 発達が気になる子の感覚統合』木村順著(学研プラス2014年)
『赤ちゃんの脳を育む本』久保田競著(主婦の友社2007年)
『子を愛せない母 母を拒否する子』ヘネシー澄子著（学習研究社2004年）
『乳幼児のための脳科学 小泉英明編著、安藤寿康、安梅勅江、多賀厳太郎著（かもがわ出版2010年）
『発達を学ぶ発達に学ぶ～誕生から6歳までの道すじをたどる』藤野友紀著（全国障害者問題研究会2014年）
『「ことば力」のある子は必ず伸びる!』髙取しづか著（青春出版社2018年）
『研修医のための最小限かつ簡単な　乳児の発達のみかたのエッセンス』吉岡博著（診断と治療社2007年）
『アインシュタインの逆オメガ～脳の進化から教育を考える』小泉英明著（文藝春秋2014年）

装丁・本文デザイン／石濱美希
イラスト／小瀧桂加
編集協力／尾﨑久美
校正／永森加寿子
編集／坂本京子、田谷裕章

だだっ子　かんしゃく　人見知り…
子どもの“困った”をなおす
ママの言葉かけ

初版1刷発行　●2021年6月20日
3刷発行　●2022年7月24日

著　者　上野清香《うえのさやか》
発行者　小田実紀
発行所　株式会社Clover出版
〒101-0051　東京都千代田区神田神保町3丁目27番地8 三輪ビル5階
TEL 03-6910-0605
FAX 03-6910-0606
https://cloverpub.jp
印刷所　日経印刷株式会社

ISBN978-4-86734-021-9 C0037
